ひろさちやと読む
歎異抄

心を豊かにする親鸞の教え

ひろ さちや
Hiro Sachiya

NJ
セレクト

日本実業出版社

まえがき

いま、『歎異抄《たんにしょう》』が読まれています。『歎異抄』ばかりでなく、『般若心経《はんにゃしんぎょう》』などの仏教書や『論語』のような古典が読まれています。なぜ古典が読まれるのか？　それは、現在の世相がお先まっ暗《くら》だからです。政治も経済も世界情勢も、まことに混迷を極めていて、明日がどうなるかわからぬ時代にわれわれは生きています。

けれど、未来がどうなるかわからぬ時代というのは、かえって絶好のチャンスではありませんか。

なぜなら、未来がある程度予測可能であれば、人間はその予測に合わせて、その将来の社会において有利になるようにと画策をします。いわゆる勝ち組になろうと考えるのです。

しかし、勝ち組になったところで、それで幸福になれるとはかぎりません。だいいち、勝ち組になるためには、どうしても他人を傷つけねばならず、そのために他人からの怨みを買ってしまいます。また、少しぐらいの勝ち組になっても、その自分の得たものを維持するためにあくせく暮らさねばならない。まあ、勝ち組になっても、たいていは不幸ですよ。

けれども、未来の予想が不可能な時代にあっては、なにが有利でありなにが不利であるかがわからないのですから、人間は有利・不利を超越して、本当に人間らしい生き方をしようとします。いや、これは、そうであってほしいというわたしの願望であり、実際にそういう、本当に人間らしい生き方を模索する人はごく少数だと思います。

それでも、そういう生き方を模索する人がいることはいます。そして、そういう人々が古典を読むのです。未来が読めないからこそ、古典に、本当に人間らしい生き方、いつの時代にあっても真実であるといった人間の姿を求めるのです。いま、古典が読まれているというのは、そうした理由からだと思われます。

そして、そういう意味で、『歎異抄』は第一級の古典です。

『歎異抄』は、親鸞聖人が、本当に人間らしい生き方を模索した書物です。

親鸞聖人の生きた鎌倉時代は現代に似ています。そこでは、まじめに努力している人がなかなか報われず、それどころか「悪人」にされてしまう時代でした。そうした社会にあって、親鸞聖人は阿弥陀仏《あみだぶつ》の救済力にすべてをおまかせする生き方を発見されたのです。だから『歎異抄』は、きっとわれわれ現代人に多くのことを教えてくれるでしょう。わたしはそう思って、この本を書きました。

なお、本書は、一九八二年に日本実業出版社から刊行された、ひろさちや著『入門・歎異抄の読み方』を新書化したものです。新書化するにあたり、相当の加筆・削除を加えました。

ひろさちや

二〇一〇年七月

ひろさちやと読む　歎異抄　もくじ

第8章 ただ一人して称えるお念仏

ブックデザイン／志岐デザイン事務所（ヤマダ　マコト）
本文ＤＴＰ／ダーツ

第1章

煩悩があるから人間なんだ

『歎異抄』の作者は唯円

一人の男が、親鸞聖人《しんらんしょうにん》に問い尋ねた。

「わたしはこれまで、一生懸命にお念仏をしてきました。ですが、天に踊り地に舞うほどの喜びがいっこうに涌き出てこないのです。それにお念仏の目的であるお浄土へも、急いで往《い》ってみたいという気にもなれないでいます。これは、どう考えればよいことなのでしょうか……?」

じつは、これは『歎異抄《たんにしょう》』の第九段の冒頭の部分である。

この男は、名を唯円《ゆいえん》といった。『歎異抄』の作者に擬《ぎ》せられている人物である。と言えば、読者のうちには首を傾《かし》げられる方もあるやも知れぬ。『歎異抄』の作者は唯円に決まっているではないか。「擬せられる」という表現は、ちょっとおかしい、と。

たしかに、現在では、『歎異抄』の作者は唯円というのが定説である。だから、「お浄土に急いで往きたい気になれない」と語った唯円を、『歎異抄』の作者であると断定してもよかったのであるが、万分の一の確率においてほかに作者がいるかもしれないので、わたしはやや曖昧な表現をした。それに古くは——明治のはじめ頃までは——、『歎異抄』の作者を、親鸞聖人の孫にあたる如信《にょしん》とする説もあったし、唯円や如信たちの合作とする説もあったのである。『歎異抄』の作者が唯円と決められたのは、明治四十年に刊行された妙音院了祥《みょうおんいんりょうしょう》の『歎異鈔聞記』によってである。

了祥という人は、三河岡崎に住していた真宗の学僧であった。彼は、それまで定説となっていた如信説を批判して唯円説を提唱したのだが、その理由の一つが、この第九段のやりとりである。唯円が「念仏をするのだが、ほんとうに心からの喜びが涌き出てこない。また、お浄土へ急いで往きたいとも思わない。これは、どういうことか?」と、親鸞聖人に尋ね、そして親鸞聖人が、

「わたしも同じ疑問を感じていたのだが、唯円房《ゆいえんぼう》よ、あなたもそうだったのだね。よくよく考えてみれば……」

と、答えておられる。さらに第十三段においても、親鸞聖人は唯円房に話しかけておられる。第十三段のその部分を、左に現代語訳にして掲げておく。

またあるとき、親鸞聖人が、「唯円房はわたしの言うことを信ずるか」と尋ねられましたので、「もちろんです」とお答えしたところ、「では、わたしの言うことにそむ

かないか」と重ねて問われましたので、慎んで承諾しました。すると、「それでは、たとえば、千人を殺してくれないか、そうすればあなたの往生はまちがいないはずだ」と聖人が言われましたので、「お言葉ではございますが、わたしの器量では、とても一人だって殺せそうにございません」と申しあげたところ、「では、なぜ、親鸞の言うことにはそむかぬと言ったのだね」と詰問されました。

第九段と第十三段の二つの問答を見るならば、『歎異抄』は唯円房が直接親鸞聖人から教えをいただいたことを書き記したものと受け取れそうである。明治の末に妙音院了祥が述べたのもそのことであった。したがってわれわれは、『歎異抄』の作者を唯円と推定しておくことにする。

唯円という人

では、その唯円という人は、いかなる人物であろうか……。

じつは、学者の研究によると、親鸞聖人のご門弟のうちには、「唯円」の名をもった人物が二人いるのである。一人は鳥喰《とりばみ》の唯円と呼ばれる人で、もう一人は河和田の唯円と称される人だ。鳥喰も河和田もともに地名で、現在の行政区画で言えば茨城県内にあるらしい。仏教学者の石田瑞麿氏の著作（『歎異抄・執持鈔』一九六四年）を見ると、この二つの場所は接近しているという。そこで石田氏は、鳥喰の唯円と河和田の唯円は同一人物ではないか……と推定しておられる。あるいは、そうかもしれない。しかしふつうは、河和田の唯円のほうを『歎異抄』の作者に擬している。

まあ、その辺のところは、どちらでもよいだろう。親鸞聖人のご門弟の一人に唯円房と称される人がいて、その人が親鸞聖人から直接教えを聴聞し、のちにそれを筆録した。それが『歎異抄』である。その程度のことがわかれば充分である。それ以上のことは、いくら詮索をしても、たぶんよくわからぬであろう。

唯円の問い

もう一度、唯円の問いを読んでみよう。十四ページには、わたしのことばで紹介したので、今度は直接原文を見ていただくことにする。いうまでもなく、『歎異抄』第九段の冒頭の一文である。

一《ひとつ》。念仏まふしさふらへども、踊躍歓喜《ゆやくかんぎ》のこゝろおろそかにさふらふこと、またいそぎ浄土《じようど》へまひりたきこゝろのさふらはぬは、いかにとさふらうべきことにてさふらうやらんと、まふしいれてさふらひしかば、親鸞もこの不審《ふしん》ありつるに、唯円房《ゆいえんぼう》おなじこゝろにてありけり。

文章の終わりまで引用したので、唯円の問いばかりでなく、親鸞聖人の返答の一部が入っている。「親鸞もこの不審ありつるに、唯円房おなじこゝろにてありけり」は、いまのところ省いておいてもらえばよい。唯円房は、

——念仏まふしてさふらへども、踊躍歓喜のこゝろおろそかにさふらふこと、

——いそぎ浄土へまいりたきこゝろのさふらはぬ（こと）、

を疑問に思い、師に尋ねたのである。この二点が、彼の質問であった。

わたしはこれを、四十歳の人間の疑問と読むのである。なぜなら、じつはこのとき唯円は四十前後であった。そして、四十くらいになったとき、どうも人間は基本的なところで迷いはじめるようである。なんとなく喜びが涌いてこないのである。感激がうすいのである。

たとえば、……たとえばと言っても、わたしは実業界に身を投じたことがないので、こういったところで紹介する話はすべてまた聞きでしかないのだが、四十代の人間は仕事に成功しても、あんがい淡々としているらしい。若いころなら、大きな契約をとったりしたときは、祝杯をあげ、気勢をあげるものだが、不惑を過ぎるころともなれば、そんな気になれぬものらしい。かえって仕事に成功したときのほうが、気が沈むという。

そう言われれば、わからぬでもない。

わたしにも、おぼえはある。苦労して書いた原稿が、ようやく一冊の本になって出版される。しかし、不惑の年齢をとっくの昔に過ぎたわたしには、それがそれほどの喜びとならないのである。

贅沢なことを言うな、と叱られそうだが、喜ぶべきときにかえって疑問を感じてしまうのだ。

（なぜ、素直に喜べないのであろうか……？）

（わたしはまちがったことをしているのではないか……？）

と。

そしてわたしは、唯円房がそれと同じ疑問を発していると思う。彼もまた、喜ぶべきときに喜べない自分を思い、自分はまちがっているのではないか……と心配したのである。

そうして、そこのところを師なる親鸞聖人に尋ねたのであった。

源大夫の発心のこと

鎌倉初期の仏教説話集で、『方丈記《ほうじょうき》』の作者の鴨長明《かものちょうめい》が編纂した『発心集《ほっしんしゅう》』第三には、
讃州源大夫《さんしゅうげんだいふ》、俄《にはか》に発心・往生の事——

といった有名な往生譚が収録されている。

讃岐《さぬき》の国（香川県）の源大夫は、殺生を生業《なりわい》とするならず者であった。その傍若無人ぶりは、近在の人々の眉をひそめさせていた。

それは、彼が狩りの帰り路においての出来事である。仏供養《ほとけくよう》する家があって、聴聞の人々が集まっている。好奇心を起こした源大夫は、「どれどれ」と聴衆をかき分けて前に出る。

説法をしていた僧は、突然のならず者の出現に腰を抜かさんばかりに驚いた。そしてそのならず者から「オレにもわかるように話せ」と言われて、僧はおろおろしながら阿弥陀《あみだ》仏《ぶつ》の誓願について話し、極楽の楽しさ、この世の苦しみ、無常のありさまを細かに説い

た。

「なるほど、いい話だ。じゃあ、俺が法師になって、こころを込めてその仏を呼べば、返事をしてくださるかい？」

「もちろんだとも……。こころがこもっていれば、必ず仏は応えてくださる」

僧はそう言った。僧は相手の剣幕にたじたじであった。

「では、この場で俺を法師にしろ」

人々は源大夫をとめる。なにもそう急ぐことはない。いったんは家に帰って、ゆっくりと用意をととのえてから出家すればよいのではないか、と。

源大夫は、眼をつりあげ、太刀に手をかけて怒る。「俺が思いたったことを、おまえたちはどうして邪魔をするのか!?」と。そしてその場で法師に頭を剃らせ、衣と袈裟《けさ》をもらって出家となった。

かくて、源大夫は歩きはじめる。もちろん、西に向かってである。声のあるかぎり「南無阿弥陀仏」と称えながら……。

源大夫の行き先には海があった。海につき出た山の端に来た源大夫は、そこで声をあげて阿弥陀仏を呼びつづけた。

「南無阿弥陀仏。なむあみだぶつ。阿弥陀仏よや、おいおい……」

七日ののち、彼は絶命した。

「掌《たなごころ》を合はせつつ、西に向ひて、眠《ねぶ》りたるが如くにて居たり。舌のさきより、青き蓮《はちす》の花なん一房《ひとふさ》おひ出でたりける」

『発心集』は、源大夫をそのように描写している。

こんなお念仏だってあるのである。

わたしは、この源大夫の発心のことを考えるたびに、溜め息が出てくる。この源大夫の念仏こそが、ほんものの念仏なんだ。そんなほんもののお念仏を、わたしたちはいったいどうすれば称えさせていただけるのであろうか——。溜め息は、絶望のそれである。

そして、唯円房と呼ばれるお方も、ひょっとすればわたしと同じ溜め息を洩らされたのではなかったか……と、ひそかにわたしは思っている。そしてその溜め息が、唯円房をして親鸞聖人にこう問わしめたのであった、と。

「念仏はしているのですが、天に踊り地に舞うほどの喜びが涌き出てこないのです。それに、急いでお浄土へ参りたい気がしません。これは、いったいどうしたことでしょうか……」

「南無阿弥陀仏、なむあみだぶつ」と称えながら、ひたすらに西に向かって歩きつづけた源大夫のイメージが、この質問の裏にくっきりと焼きつけられているのである。わたしはそう確信している。

悪人＝源大夫のお念仏

ここで、ちょっと先回りして触れておく。だが、ほんらいで言えば、これは先回りではない。『歎異抄』を序文から順次に読んでくれれば、この段のほうが先に出てくる。わたしはいきなり第九段から話しはじめたもので、第三段に触れることが先回りになってしまうわけだ。

それはともかく、第三段は有名な段である。ほとんどの人が、『歎異抄』でいちばん印象深い段として、この段を挙げるはずである。この第三段そのものの解説はのちに述べることにして、いまここでは冒頭の文章だけを引用しておく。

一《ひとつ》。善人《ぜんにん》なをもて往生《おうじょう》をとぐ、いはんや悪人《あくにん》をや。しかるを、世《よ》のひとつねにいはく、悪人なを往生す、いかにいはんや善人をや。この条一旦《じょういったん》そのいはれあるににたれども、本願他力《ほんがんたりき》の意趣《いしゅ》にそむけり。

これがいわゆる「悪人正機説」と言われるものである。ある意味で、これは一つのパラドックス（逆説）である。そして、パラドックスというものがいつもそうであるように、多くの議論をまき起こしてきた。なかなか難解な段である。

でも、どうだろうか……。わたしはここに、先程の讃岐の国の源大夫を置いてみたいのである。悪人として源大夫を置き、善人として唯円房を置いてみる。そして、この第三段を読めばよい。

源大夫は「悪人」と呼ばれていた。『発心集』には、はっきりと「悪人」とは書かれていないが、『今昔物語集』のほうでは――この源大夫の話は有名で、『今昔物語集』巻第十九にも収録されている――彼を「悪人」と極《き》めつけている。

「今ハ昔、讃岐国《サヌキノ》、多度《タド》ノ郡、□ノ郷《サト》ニ、名ハ知ラズ、源大夫《グエンダイフ》ト云フ者有《アリ》ケリ。心極《キワメ》テ猛クシテ、殺生ヲ以《モテ》業トス。日夜朝暮ニ、山野ニ行テ鹿鳥《シカトリ》ヲ狩リ、河海《カカイ》ニ臨《ノゾミ》テ魚ヲ捕ル。亦、人ノ頸ヲ切リ足手ヲ折ラヌ日ハ少クゾ有《アリ》ケル。亦因果ヲ知ラズシテ、三宝ヲ信ゼズ。イカニイハムヤ法師ト云ハム者ヲバ故《コトサラ》ニ忌《ニクミ》テ当リニモ寄セザリケリ。カクノゴトクシテ悪奇異キ悪人ニテ有ケレバ、国ノ人ニ皆恐テゾ有ケル」

源大夫は悪人であった――。しかし、その悪人の称えたお念仏には、美しい蓮の花が咲いたのである。それを思うとき、われわれは、

善人なをもて往生をとぐ、いはんや悪人をや。

と、言われた親鸞聖人のことばが、なんの抵抗もなく受け取れるのではなかろうか。わたしはそのように理解しているのである。

親鸞聖人の答え

一気にここまで書いてきて、そこでわたしは少し筆を休めて考えてみた。このあとを、わたしはどうつづけようかと迷っている。

というのは、わたしはまだ、『歎異抄』についてなにも語っていなかったからである。『歎異抄』はどんな書物か? いったい誰の本であるのか? もっとも、『歎異抄』の作者が唯円房であることだけはすでに語っておいた。しかし、『歎異抄』の作者が唯円であっ

ても、『歎異抄』は唯円の思想を述べた書ではないのである。そのことについても、語っておかねばならない。

しかし、どうもわたしは怠け者らしい。怠け者は、怠け者にふさわしい弁解を思いつく。『歎異抄』は有名な本だから、ことあらためてそんな紹介をせずとも、読者はよく知っておられるのだ、と。『歎異抄』は、鎌倉仏教の高僧＝親鸞聖人のことばを書き記した本である——。そんなことくらいは、高校生でも知っていることだ。だからわたしは、このまま第九段を中心に話をつづけていこうと思う。そのあとで、いずれ章をあらためて、『歎異抄』についての総括的な紹介をするつもりでいる。

さて、唯円房の問いに答えて、親鸞聖人は次のように語られたのであった。その答えの部分を、まずは原文で出しておく。読者は、ここは読み飛ばすことなく、ゆっくりと味わいつつお読みいただきたいのである。

……親鸞もこの不審《ふしん》ありつるに、唯円房《ゆいえんぼう》おなじこゝろにてありけり。よく〳〵案じみれば、天におどり地におどるほどによろこぶべきことを、よろこばぬにて、いよ〳〵往生は一定《いちじよう》〔と〕おもひたまふ〔べき〕なり。よろこぶべきこゝろをおさへて、よろこば〔せ〕ざるは煩悩《ぼんのう》の所為《しよい》なり。しかるに、仏《ぶつ》かねてしろしめして、煩悩具足《ぼんのうぐそく》の凡夫《ぼんぶ》とおほせられたることなれば、他力《たりき》の悲願《ひがん》は、かくのごと〔き〕われらがためなりけりとしられて、いよ〳〵たのもしくおぼゆるなり。

また浄土へいそぎまひりたきこゝろのなくて、いさゝか所労《しよろう》のこともあれば、死なんずるやらんとこゝろぼそくおぼゆることも、煩悩の所為なり。久遠劫《くおんごう》よりいまゝで流転《るてん》せる苦悩《くのう》の旧里《くり》はすてがたく、いまだむまれざる安養浄土《あんにようじようど》はこひしからずさふらふこと、まことによく〳〵煩悩の興盛《ごうじよう》にさふらうにこそ。なごりおしくおもへども、娑婆《しやば》の縁つきて、ちからなくしておはるときに、かの土《ど》へはまひるべきなり。いそぎまひりたきこゝろなきものを、ことにあはれみたまふなり。これにつけてこそ、いよ〳〵大悲大願《だいひだいがん》はたのもしく、往生は決定《けつじよう》と存《ぞん》じさふらへ。踊躍歓喜《ゆやくかんぎ》のこゝろもあり、いそぎ浄土へもまひりたくさふらはんには、煩悩のなきやらんとあ〔や〕しくさふらひなましと云々《うんぬん》。

煩悩とは「人間性」である

これを読んで、わたしがまず驚かされるのは、冒頭の一句である。

「あのね、唯円房。わたしもまた同じことを疑問に思っていたのだよ。あなたもそうだったのだね」

と、親鸞聖人が言われているのである。「えっ、ほんとうですか……？　親鸞聖人ともあろうお方が、やはりそうなんですか……」と、わたしたちは思わず身を乗り出して訊きたくならないか。あまりにもショッキングな発言である、これは。

だが、じつを言えば、『歎異抄』の魅力は親鸞聖人のこのことばに集約されているのである。もしここで、親鸞聖人が唯円房に対して、

「それはよくない。困ったことだ」

とでも言われたなら、わたしたちは萎縮してしまうはずである。親鸞聖人のおことばに耳を傾けつつも、片方ではみずからの無力、信仰の至らなさを思い、こころは千々に乱れよう。だから、教えがすんなりとは聞けないのではないか。

「親鸞にもこの不審があった。唯円房も同じなんだね」

そう言われると、わたしたちは安心できる。安心して、おことばをいただけるのだ。『歎異抄』が多くの人々に読まれているのは、そのような安心感のせいではないだろうか。わたしにはそう思えるのである。

さて、親鸞聖人はそう前置きして、それから唯円房に対して親切に教えを説かれた。親鸞聖人のおことばを、少し解説的に現代語訳してみよう。

でもね、唯円房よ。よく考えてみれば、ほんらい天に踊り地に舞うほどの喜びであるものが、それほど喜べないからこそ、むしろ往生が確定していると言えないだろうか。喜びを抑えて邪魔しているのが、あなたもご承知のように煩悩《ぼんのう》なんだ。ところで仏は、それを知った上で、われわれ凡夫を煩悩具足（煩悩のついてまわった）の身と呼ばれているのだから、その仏の他力の悲願はむしろわたしたち凡夫のためのものだとわかり、かえって安心できるのである。それからね、急いでお浄土に往きたい気がせず、ちょっと病気にでもかかれば、死にはせぬかと心細くなるのも、やはり煩悩のためである。はるけき時間の彼方から今日現在まで、生まれ変わり死に変わりしてきたこの世界――それは本質的には苦悩の世界であるにもかかわらず――に執着があって離れがたく、いくらすばらしいお浄土であると聞かされていても、そこに生まれたことのない楽土は恋しくないという気持ち、まあそれが煩悩なのだろうし、よくよくわれら凡夫には煩悩が強いんだね……。

そう言われれば、そうだ。狭いながらも楽しいわが家――という。あるいは、住めば都――といったことばもある。

転勤の多い公務員の人が、こんなことを語っていた。甲の任地から乙の地へ転勤を命ぜられる。そのとき、甲の地は去りがたく、乙の土地に行きたくない気がするそうだ。けれども、乙地へ赴任して、二、三年を送り、さらに丙の地へ転勤を命じられたときには、やはり乙地を去りがたく思うらしい。人間とは、そういうものらしい。親鸞聖人は、そうした人間の気持ち、つまりは執着心を、仏教の術語で「煩悩」と呼ばれたのである。

煩悩――。なるほど、煩悩である。でも、人間に必ず煩悩があるのであれば、むしろ煩悩こそ真の意味での「人間性」かもしれぬ。そこでわれわれは、いままで訳してきたところの親鸞のことばを、大胆に要約してみる。

「あのね、唯円房よ。お念仏をして踊り出すほどの喜びを感じられないのも、また急いでお浄土へ往きたい気がしないのも、それは人間性のなせるところなんだよ。わたしたちは人間なのだから、これはもうどうしようもないことなのだよ……」

と。

煩悩が産み出すお念仏

「現代語訳」を試みるつもりでいたが、わたしのは、どうにも「翻訳」と呼べる代物《しろもの》ではなさそうだ。しかし、『歎異抄』の原文はそれほどむずかしくないから、読者はわたしの解説的な訳文を参考にしながら、直接原文を味わっていただくとよい。……と、わたしはだいぶ無責任なことを書きかけた。あわてて、ここのところを訂正しておく。

たしかに、『歎異抄』の原文は、それほどむずかしくない。表面的にはその通りであるが、しかしじつを言えば、これほど難解な文章はないのである。正直言ってわたしには、これを的確に現代語訳するだけの力がない。だから、どうしても解説的な訳文しかつくれないのである。したがって読者は、わたしの訳文の至らないところを原文で補っていただきたい。あるいは、読者が原文を読むときの参考に、わたしの解説的な訳文を使っていただきたいのである。虫のいいお願いと叱られそうだが、著者の非才をお許しいただきたい。

さて、現代語訳をつづけよう。あと少し第九段が残っている。

（しかしね、唯円房よ、そうあわてなくともよいのだよ。）わたしたちはこの世に執着していても、しかし縁が尽きて生命《いのち》の消えるときには、自然とお浄土に往けるのだからね。それに仏は、お浄土に急いで往きたいと思わない凡夫のことを、とくに心配してくださっているのである。だからこそ、わたしたちは仏の悲願のありがたさを確信できるのだし、往生はまちがいないと信ずることができるのだ。天に踊り地に舞う喜びもあり、急いで浄土へ往きたい気がするのであれば、そんな自分には煩悩なんてないのではないかと、かえって疑わしくなりはしないだろうか、と、親鸞聖人は言われたのであった。

人間には煩悩がある。
煩悩があるからこそ、わたしたちは人間なんだ。
そして、――。

だからこそ、わたしたち人間はお念仏を称えることができるのである。

親鸞聖人は、そのことを語っておられるのだ。つまり、わたしたちに煩悩がなくなれば、わたしたちはお念仏を称えることができない。煩悩こそ——逆説的ではあるが——お念仏を産み出す母体なのだ。

だとすれば、お念仏は迷いつつ、苦しみつつ、涙を流しつつ称えるものではないか。踊躍歓喜のこころ——天に踊り地に躍ねる喜び——の伴った念仏など、ほんらいないのである。

唯円房は、それを逆にして捉えていた。すなわち、お念仏をすれば喜びが涌いてくるはずだと、彼は考えたのである。そこに彼の誤りがあった。なぜなら、もしそうだとすれば、わたしたちは喜びを得るためにお念仏をすることになるだろう。そして、そのとき、喜びが目的でお念仏が手段となってしまう。

それではいけないのだ。

お念仏は、絶対に手段ではあり得ない。

親鸞聖人が力説されたのは、まさにそのことであった——。

第2章

『歎異抄』は二冊の本である

二つの序文

『歎異抄』は二冊の本である——。

どうもわたしは、意表をついた表現が好きである。困った癖であるが、いまさらどうしようもない。けれども、『歎異抄』が二冊の本であって一冊の本でないことは、これはなにも好んで意表をついた表現をしたわけではないのである。あたりまえのことをあたりまえに表現すれば、そうなるのである。

なぜなら、『歎異抄』には序文が二つあるからである。

序文というものは、一冊の本の最初に置かれたものだ。最初にあるから序文である。稀には、序文が二つある本があるかもしれない。しかし、『歎異抄』の序文は、一つは『歎異抄』の冒頭にあり、もう一つは全体の真ん中あたりにある。正確に言えば、『歎異抄』は十八段よりなるが、その第十段にもう一つの序文が出てくるのである。

ということは、明らかに第十段のはじめまでが一冊の本で、そして第十段の後半部からが別の一冊の本になっているわけだ。

だから、『歎異抄』は二冊の本である。そう言うことができるのである。

それはともかく、まず序文を読んでみよう。ここで最初にとりあげる序文は『歎異抄』冒頭の序文である。ほんとうの序文——である。これはもともとは漢文で書かれているが、いまは読み下し文にして掲げておく。

竊《ひそ》かに愚案《ぐあん》を廻《めぐ》らして、粗古今《ほぼここん》を勘《かんが》うるに、先師《せんし》の口伝《くでん》の真信《しんしん》に異《こと》なることを歎《なげ》き、後学相続《こうがくそうぞく》の疑惑《ぎわく》あることを思《おも》ふに、幸《さいわい》に有縁《うえん》の知識に依《よ》らずば、争《いか》でか易《い》行《ぎょう》の一門《いちもん》に入《い》ることを得んや。全《また》く自見《じけん》の覚悟を以《も》て、他力の宗旨《しゅうし》を乱ることなかれ。仍《よ》て故親鸞聖人の御物語《おんものがたり》の趣《おもむき》、耳の底に留むる所《ところ》、聊《いささ》か之《これ》を注《しる》す。偏《ひと》へに同心行者《どうしんぎょうじゃ》の不審《ふしん》を散《さん》ぜんが為《ため》なりと云々。

次に、現代語訳を試みておく。何度も同じ弁解をするのだが、わたしのは自由訳であり、読者が原文を読まれる参考のための現代語訳である。あるいは、解説代りの翻訳と思っていただきたい。以下の箇所ではいちいち断わらないが、読者はそのつもりでお読みいただきたい。

愚かな考えではあるが、昔と今とを比較してよくよく考えてみますと、どうも親鸞聖人がお語りになられた真実の信心とちがった考えがなされているようで、歎かわしくてなりません。これでは、のちのちの人々がとまどうでありましょう。親鸞聖人の教えは易行《いぎょう》、すなわちどんな凡夫でも行ずることのできる道であり、他力の教えであったが、しかしその易行の仏法に入るためにはまことの師の導きを必要とする。自分勝手なまま悟りでもって、この他力の仏法を歪めてはならない。そう思って、なくなられた親鸞聖人が生前お話しくださった教えの要旨を、わたしの耳の底に記憶する範囲で書きつけてみた。それというのも、同じこころでもって念仏の道を歩もうとする人々の疑問を、できるだけはらしたいがためである。

二つの『歎異抄』

以上が「ほんとうの序文」である。読者も気づかれたと思うが、序文のうちに「先師の口伝の真信に異なることを歎き」といった文章があった。これがつまりは『歎異抄』執筆の動機であり、題名の由来である。作者の唯円は、「異を歎いて」この書をつくったのである。

ところで、第二の序文は、先程述べたように第十段にある。まず、原文を見ていただこう。

一《ひとつ》。念仏には無義《むぎ》をもて義《ぎ》とす、不可称不可説不可思議《ふかしょうふかせつふかしぎ》のゆへにとおほせさふらひき。そも〳〵かの御在生《ございしょう》のむかし、おなじくこゝろざしをして、あゆみを遼遠《りょうえん》の洛陽《らくよう》にはげまし、信をひとつにして、心を当来《とうらい》の報土《ほうど》にかけしともがらは、同時に御意趣《ごいしゅ》をうけたまはりしかども、そのひと〴〵にともなひて念仏まふさるゝ老若《ろうにゃく》そのかずをしらずおはしますなかに、上人《しょうにん》のおほせにあらざる異義《いぎ》どもを、近来《ちかごろ》はおほくおほせられあふてさふらうよし、つたへうけたまはる、いはれなき条々《じょうじょう》の子細《しさい》のこと。

この第十段の冒頭の文章の訳文を掲げておく。

ほんとうの念仏には、自分というものがあってはならない。われわれは念仏についてあれこれ論じ、またあげつらうことはできない。そう親鸞聖人が言われました。

そして、じつはここまでが第一の『歎異抄』なのである。「窃《ひそ》かに愚案を廻らして、粗《ほぼ》古今《ここん》を勘《かんが》うるに……」といった序文にはじまる『第一歎異抄』がここで終わり、ついで『第二歎異抄』がはじまるわけだ。どこにも、明確に書かれてはいないが、そのように解するのが定説となっている。そこでわれわれも、この定説に従うことにする。

だとすれば、第十段の原文は、ここで改行したほうがよい。わたしは先程引用するとき、改行することなく原文を示したが、たとえば金子大栄校注の岩波文庫は、ここを改行して示している。あるいは、他の『歎異抄』の解説書においても、「そも〳〵、かの御在生のむかし、……」以下を別扱いにしたものが多い。ときには、『第二歎異抄』は親鸞聖人のものではないとして、まったく無視した解説書もある。作者の唯円が親鸞聖人のことばを直接に書き留めたのは第十段の冒頭までであるから、それはそれで筋が通っているのである。

ところで、わたしはいま『歎異抄』の原文について少し触れた。そこでこの機会に、『歎異抄』の底本について述べておこう。

『歎異抄』には、基本となる二つの底本がある。

1　蓮如《れんによ》本（西本願寺所蔵）

2　端《たん》の坊永正本《ぼうえいしょうぼん》（大谷大学所蔵）がそれで、両本のあいだには少し差異がある。わたしは二〇〇三年に『すらすら読める歎異抄』（講談社）を出版した。そのときに1の蓮如本を底本として新しい底本をつくった。本書の原文はその拙著の底本にもとづいている。

親鸞と善鸞

さて、それでは、『第二歎異抄』の序文の現代語訳を試みる。

じつを言えば、かの親鸞聖人がご在世の当時、信仰を一つにして来世の極楽往生にいっさいをかけたわたしたち仲間は、同じ志をもってはるばる京都にのぼった。そして、全員がいっしょに、親鸞聖人よりお教えをいただいたのであった。にもかかわらず、最近、そのときの人々の指導によって念仏を称えておられる多数の老人や若者のうちには、どうも親鸞聖人の教えとはちがった異端の説を述べられる人が多いと、これは又聞きではあるが耳にしている。その、なんの根拠もない説を、細かに検討してみよう。

作者の唯円が茨城県の人であることは、すでに第一章で述べておいた（十七ページ参照）。彼はこの『第二歎異抄』の序文で書いているように、親鸞聖人の晩年のころに、仲間たちとともにはるばる京都まで訪ねているのである。念仏の教義について、直接師の親鸞聖人から教わるためであった。

当時は、今日のように、簡単に新幹線でさっと京都まで行ける時代ではなかった。鎌倉時代の旅は、茨城から京都までいったいどれくらいの日数がかかったであろうか。ほんとうに困難な旅であったと推測される。「あゆみを遼遠の洛陽にはげまし」とあるのは、そんな実感の伴ったことばなのだ。

ちょっとここで、善鸞《ぜんらん》事件と呼ばれるものについて触れておく。

善鸞――慈信房《じしんぼう》と呼ばれる――は親鸞聖人の息男である。親鸞聖人とその妻＝恵信尼《えしんに》とのあいだに生まれた長子である。

親鸞聖人は鎌倉時代の高僧で、はじめは比叡山《ひえいざん》で修行していたが、二十九歳のときに比叡山を下り、法然《ほうねん》上人に帰依《きえ》した。しかし、三十五歳で流罪にあって越後に流され、罪がゆるされてのちもしばらくは関東にとどまり、念仏の教えを民衆に布教したのであった。

親鸞聖人がなにを教えられたかについては、いずれゆっくりと検討しよう。われわれは、それを知るために『歎異抄』を読むのである。

もう一つだけ、予備知識として伝えておくべきことは、親鸞聖人が肉食妻帯をされたことである。親鸞聖人は凡夫としての自覚をもたれ、その凡夫としての自覚に裏づけられて念仏をされようとした。そのために、彼は僧でありながら、妻をもったのである。明治以降の日本では、僧籍にあるものの妻帯があたりまえになってしまったが、親鸞聖人の時代にあってこれは画期的なことである。僧であるかぎり、妻帯（女犯《にょぼん》）は罪であり堕落であったが、彼はあえてその堕落の道を歩んだのである。それは、ものすごい決意を要することであった。

そこで、親鸞聖人には、実子がおられる。善鸞は、親鸞聖人が越後に流され、恵信尼と暮らしていたときに生まれた子どもである。聖人の三十代後半のころであった。

善鸞事件

善鸞事件というのは、親鸞聖人の晩年の出来事である。聖人は八十四歳のとき、この実子の善鸞を義絶されたのであった。

親鸞聖人は、六十代の前半に京都に帰られた。三十五歳で越後に流され、三十九歳で流刑は赦免になりながら、彼はそのときは京都に帰らなかった。なぜ京都に帰らず、越後や常陸の国にとどまって念仏の教えを説かれたのか、その理由はあまり明白ではない。また、六十歳を過ぎてから、なぜ京都に帰られたのかといったことも、よく理由がわからない。ともかく、二十年あまりの東国滞在ののちに、彼は京都に居を移したわけである。

ところが、指導者が去ってしばらくすると、門弟たちのあいだでは争論が起きてくる。先にも言ったように、当時の交通事情を考えれば、常陸と京都はまるで外国だ。門弟たちが師の教えの真意をそれぞれ勝手に解釈しはじめ、互いに論争するのもやむを得ない趨勢かもしれない。門弟たちは文書でもって師に問い尋ね、師の親鸞聖人は門弟たちを戒める手紙を書いておられる。それでも争論が解決しないと見るや、聖人は実子の善鸞を関東に下されたのであった。

だが、皮肉にもその善鸞が、逆に異端邪説を説きはじめた——。いや、説きはじめたらしいのである。

いったい善鸞がどんな邪説を関東の門弟たちに教えたのか、あまりよくわからないのである。親鸞聖人の教えの基盤となっている阿弥陀仏の本願を、善鸞は「しぼめる花」だと言ったらしい。そんなことが伝えられているが、どうにも史料が不足で、詳しいことはわからないでいる。あるいは、善鸞が、自分は親鸞聖人から直接、秘密裡《り》に教えを受けたと吹聴して回ったらしいことが伝えられている。

彼は親鸞聖人の実子であったから、あるいはそんなことを語ったかもしれぬ。そう語りたくなる気持ちがわからないでもない。そして彼が、自分は親鸞聖人の直伝の教えを受けたのだと語れば、人々は文句なく彼を信用しただろう。信用されれば、今度はそれを否定できぬ。そこで、ますます親からの直伝を主張しはじめ、かえって異端邪説を説くはめとなる。わたしは自分勝手に、そう推量しておく。

昔も今も、東洋においても西洋においても、そして日本においても、後継者問題はむずかしいものらしい。後継者問題に、親子という血のつながりと実力・能力の判定がからんでくると、話は余計にややこしくなる。そして親鸞聖人が、善鸞を義絶しているのである。教団の統一を守るためには、わが子といえども非情に義絶せざるを得ないのであった。

親鸞は弟子《でし》一人《いちにん》ももたずさふらう。

『歎異抄』第六段にはそんなことばが出てくるが、善鸞事件を背景にしてこれを読めば、このことばに親鸞聖人の悲痛な叫びがかくされているように思えてならない。わが子さえも義絶して、ひたすらに念仏の道を歩みつづけた孤高の人が、そこにくっきりと浮彫りにされていないか。ただし、この善鸞事件をデッチアゲとする学者もいる。わたしも、どちらかと言えば、デッチアゲ説に与《くみ》している。

『歎異抄』の構成

だいぶ回り道をしてしまった。

われわれは『第二歎異抄』の序文を読んでいたのであった。唯円はその第二序文において、自分は仲間たちとともにはるばる京都まで親鸞聖人を訪ねて、念仏の道を教わりに行ったと述べている。その背景には、善鸞事件があったのだ。それでわたしは、回り道をして善鸞事件を語った。つまり唯円は、善鸞の異端邪説によって迷わされた関東教団の信者の一員なのである。善鸞が義絶されたあとも、関東の教団では内部的な争論があったかもしれない。いちどはびこった異端邪説は、容易には根絶しないからである。それに、東国と京都とは距離的に離れすぎている。師の直接の教えを受けられないとき、人々は迷うものである。迷いに迷って、唯円たちは京都にのぼったわけである。

『第二歎異抄』の序文は、そのことを語っている。皆でいっしょに親鸞聖人のおことばをうけたまわったはずだ。しかし、そのときのおことばを人々が忘れてしまって、またぞろ異説が説かれはじめた。歎かわしいことだ。唯円は「異を歎いている」のである。

さて、そこで、『歎異抄』の構成について語っておこう。

いまわたしは、「唯円は『異を歎いている』」と言った。彼は、かつての仲間たちが親鸞聖人から直々に受けた教えを忘れ、それとは異なったことを説きはじめた現状を歎いているのである。そこで、その歎きのことばを綴ったものが「唯円の『歎異抄』」、すなわち『第二歎異抄』なのである。それは、第十段の途中から巻末までである。具体的に言えば、第十段の「そも〳〵、かの御在生のむかし、おなじこゝろざしにして、……」にはじまる文章以降が、『第二歎異抄』である。

では、『第一歎異抄』とはなにか……?

『第一歎異抄』は、第一序文にはじまり、第十段の冒頭の文章に終わる部分である。「窃《ひそ》かに愚案を廻して、粗古今《ほぼここん》を勘《かんが》うるに、……」から、第十段の「念仏には無義をもて義とす、不可称不可説不可思議のゆへにとおほせさふらひき。」までである。そして、この『第一歎異抄』は、親鸞聖人のことばを書き留めたものである。「故親鸞聖人の御物語の趣、耳の底に留むる所、聊《いささ》か之《これ》を注《しる》す」（第一序文）――これが『第一歎異抄』の執筆の動機である。

つまり、こういうことだ。

唯円は、門弟が親鸞聖人の教えを忘れて、自分勝手なことを言いはじめている現状を歎き、そこで筆を執って『第二歎異抄』を書いた。『第二歎異抄』のうちにも、もちろん親鸞聖人のことばは引かれている。けれども、『第二歎異抄』においては、唯円は主として自分のことばで綴っているのである。そこでのテーマは、唯円の歎きである。

それに反して、『第一歎異抄』では、親鸞聖人その人のことばが記されている。とはいえ、『第一歎異抄』に唯円が登場しないわけではない。唯円の名も出てくるが、これはあくまで付随的に出てくるまでだ。『第一歎異抄』は、直接親鸞聖人のことばを伝えたものである。

これが『歎異抄』の構成である。すなわち、

『第一歎異抄』（第十段はじめまで）……親鸞聖人の語録集――「語録篇」

『第二歎異抄』（第十段後半部以降）……唯円房の述懐――「述懐篇」

となっているわけだ。したがって『歎異抄』は、わたしがこの章の冒頭で述べたよう

に、明らかに二冊の本である。われわれは、これを二冊の本と受け取ることにしたい。そう思って読んだほうが、わかりやすいのである。

『教行信証』と『歎異抄』

『歎異抄』は二冊の本だ。いや、少なくとも、「語録篇」(『第一歎異抄』)と「述懐篇」(『第二歎異抄』)の二つに分けることができる。

そこで問題は、「語録篇」と「述懐篇」の比重のつけ方である。前者は親鸞聖人その人のことばを伝えたものであるから価値が高く、後者は弟子の唯円のものであるから価値が劣る。普通に考えればそうなりそうだが、果たしてそれでいいのだろうか……? これは、まさに『歎異抄』の読み方に関した疑問である。

わたしはこう思っている。

読み方——だから、その点は各自の好みでよいのではないか、と。『歎異抄』に関する本を書いて、「述懐篇」をほとんど無視してしまわれた学者もおられる。それはそれでかまわぬと思う。どのように読んでもいいわけだ。

けれども、わたしは、『歎異抄』を『歎異抄』として受け取りたい。わたしは、『歎異抄』そのものが好きなのだ。『歎異抄』そのものを読みたいと思っている。

それは、こういうことだ。『歎異抄』は親鸞聖人の著作ではない。親鸞聖人の著作を読みたいのであれば、なにも『歎異抄』を読む必要はない。それなら、『教行信証《きょうぎょうしんしょう》』を読めばよいのである。『教行信証』は、親鸞聖人みずからが筆を執って書かれたものだ。親鸞聖人の思想は、そこに明々白々に表明されている。

だが、『教行信証』は難解である。そこで、わかりやすい『歎異抄』を読むのだ。そう言われる方も多いようだ。けれども、わたしは、そういう言い方もあまり好きでない。それでは『歎異抄』は、まるで『教行信証』の通俗版になってしまう。通俗版だから『歎異抄』はまちがいが多く、その『歎異抄』のまちがいを『教行信証』などによって訂正して読まねばならぬ。そんな主張になりかねない。そして、そんな立場に立って読めば、「述懐篇」(『第二歎異抄』)はほとんど読む必要がなくなってしまうのだ。なぜなら、それは、親鸞聖人のことばを直接伝えていないからである。

ちょっと生意気を言うようだが、わたしはそうした見方に反対である。『歎異抄』を、どうしてありのままに唯円の著述として読んでいけないのだろうか……? わたしはそのことが疑問でならない。わたしは、『歎異抄』を『歎異抄』として読みたいのである。

『歎異抄』として読む

『歎異抄』は唯円房の著述である。それは誰もが認めるところである。したがって、『歎異抄』を『歎異抄』として読むことは、それをあくまで唯円の著作として読むことになる。わたしは『歎異抄』を、そのように読みたいのである。

では、……と、読者は問われるかもしれない。『歎異抄』は、まったく親鸞聖人とは無関係なのか？

とんでもない！

『歎異抄』は、親鸞聖人のことばと思想を伝えたものだ。そんなことは、いちいち贅言《ぜいげん》を要しないはずだ。わたしはちょっと憎まれ口を言いたくなる。

もっとも、読者が弱気に尋ねたくなる気持ちもわからないではない。唯円という一人の弟子、それもあまり名の知られていない弟子を通して眺めた親鸞聖人だから、どうも不安だと思われるのである。やはり、親鸞聖人が直接筆を執って書かれたもののほうが本物に思えるのである。

けれども、その点についても、わたしはそうは思わない。

たとえば、キリストはどうだろうか……？

キリストは自分で本を書いたわけではない。『新約聖書』は、弟子たちが伝えたキリストのことばである。

ソクラテスも同じである。古代ギリシアの哲学者ソクラテスも、一冊の本も残していないのである。しかしわたしたちは、弟子のプラトンの著作を通じて、ソクラテスのことばに接し、ソクラテスの思想に触れることができる。

そういえば、仏教の開祖の釈尊だって同じである。仏教の経典は、すべて弟子たちが聴聞した釈尊のことばである。だから、お経のはじめには、

「如是我聞」（われ、かくのごとく聞けり）

の語が置かれているのである。釈尊は、相手の機根《きこん》（性質や能力）に応じて教えを説かれた。それを弟子たちは、それぞれの機根に応じて聴聞したのである。それがお経の成り立ちである。そもそも仏教の教えは、はじめから弟子の存在を予定しているのである。弟子がなくて、仏教の教えが成り立つはずがない。

だとすれば、唯円という弟子によって伝えられた『歎異抄』は、まさにそれが弟子によって理解された親鸞聖人の思想だという点に、大きな意義があるはずである。ほかなら

ぬ『歎異抄』のレーゾン・デートル（存在理由）は、そこにある。わたしはそう断言しようと思う。

そう断言して、その立場に立ってわたしは『歎異抄』を読んでいきたい。それが、本書におけるわたしの姿勢である。

ともあれ、『歎異抄』は『歎異抄』としてすばらしい。『歎異抄』がすばらしい本だからこそ、これほど多くの人に愛読されているのである。唯円なる弟子の書いたものだからつまらぬ――と言うのであれば、どうしてこれほど多くの人々が、『歎異抄』をもて囃《はや》すのか、説明できないはずだ。そう考えれば、『歎異抄』が唯円房の著述であって、いっこうに差しつかえないのである。

第3章

絶望の叫び声なるお念仏

あみだくじ

「あみだくじ」というものがある。

皆で金を出し合って、おやつなどを買ってくる。拠出金に差をつけるために、くじを引くのである。一人だけお金を出さずにすむ者がいる。しかし、その者は、皆からのお金を預かって、買い出しにやらされるのだ。人数分の縦線のあいだに、はしご状に横線を入れる。横線にくれば必ず曲がらねばならない。開いて置かれてあっても、いったいどの線がどこへ行くか、なかなかわからない仕掛けになっている。

あれを、なぜ「あみだくじ」と呼ぶのか？

いつか、そう問われたことがあった。しばらく考えて、わたしはこんな返答をした。

「〝あみだ〟は、サンスクリット語（梵語《ぼんご》）の〝アミタ amita〟なんですよ。これは〈無限〉という意味です。あみだくじは無限の変化があるでしょう。だから、なのです」

相手は感心して呟いた。

「よく知っていますね……」

でも、これは、落語の横丁のご隠居さんだ。彼はなんでも説明できるが、すべてこじつけ解釈である。わたしは別段、こじつけようと思ったわけではないが、結果的には落語さながらの珍答をしてしまったことになる。

あみだくじの正解は、阿弥陀如来《あみだにょらい》に関係がある（そこまでは、わたしも見当をつけた）。昔のあみだくじは、放射線状に線を引いたらしい。その放射線の形が、阿弥陀如来の光背に似るところから、〝あみだくじ〟の名があるそうだ。『ブリタニカ国際大百科事典』に、そんな解説が出ていた。帽子の「あみだかぶり」も、阿弥陀如来の光背のように後頭部に傾けてかぶるものだ。そう言われれば、そんな気がする。

百科事典には、もう一つの語源説が紹介されていた。――「また、阿弥陀如来の功徳は万民平等であるとされることから、阿弥陀くじと称される」

わたしは、どちらかと言えば、この後者の解釈のほうが好きだ。語源・由来を好き・嫌いで決めてはいけないのだろうが、なんとなくこのほうが当たっていそうな気がするのである。

それにしても、とっさに〝あみだくじ〟の語源をサンスクリット語から説明するあたり、わたしの横丁の隠居ぶりもなかなか大したものだと、これは自画自讃している。

阿弥陀如来は「無限」の仏

しかし、阿弥陀如来は、「無限」のほとけさまである。サンスクリット語の〝アミタ〟が「無限」の意である――というわたしの説明はまちがいではない。その点は、わたしを信用していただいて大丈夫である。

阿弥陀如来は、また「阿弥陀仏」とも呼ばれる。〝仏〟も〝如来〟も、まったく同じ意味のことばである。だから、釈迦《しゃか》仏は釈迦如来と呼ばれるし、薬師《やくし》如来も薬師仏と呼ばれる。

阿弥陀如来は、サンスクリット語で二つの呼び名がある。サンスクリット語は、古代インドの言語である。

1 〝アミターバ・ブッダ〟(Amitābha Buddha) ……意訳して「無量光仏《むりょうこうぶつ》」

2 〝アミターユス・ブッダ〟(Amitāyus Buddha) ……意訳して「無量寿仏《むりょうじゅぶつ》」

つまり、無量の光ないしは無限の生命《いのち》(寿)をおもちになった仏である。そして、この二つの呼称の共通部分の〝アミタ〟を漢字で表記したものが「阿弥陀」なのだ。だから、阿弥陀仏とは、「無限」の仏といった意味になる。

さらに〝阿弥陀〟は〝弥陀《みだ》〟と略称されることがある。仏教のことばでは、ときどき〝阿〟の字が省略される。よく知られた例では、〝阿羅漢《あらかん》〟と〝羅漢《らかん》〟、〝阿修羅《あしゅら》〟と〝修《しゅ》羅《ら》〟がある。

かくて、阿弥陀仏にはさまざまな呼称のあることがわかった。

――阿弥陀仏・阿弥陀如来・無量光仏・無量光如来・無量寿仏・無量寿如来・弥陀仏・弥陀如来……

では、その阿弥陀仏とは、どのようなほとけであろうか？　それを説明するためにはほんの少々、仏教の予備知識が必要である。

「仏」とはなにか？　いや、そもそも「仏教」とはなにであるのか……？　それらのことを、最小限度に解説しておこう。

仏教は釈尊にはじまる。釈尊というのは、いまから二千六百年ほどの昔に、インドの釈《しゃ》迦《か》国に出現された歴史上の人物である。彼は王家に生まれたが、二十九歳で出家をし、三十五歳のとき、インドのブッダガヤーの地の菩提樹《ぼだいじゅ》の下で大いなる悟りを開かれて「仏《ぶっ》陀《だ》」となられた。

〝仏陀〟とは、サンスクリット語の〝ブッダ Buddha〟を音訳したもので、その意味は

「真理に目覚めた者」である。その〝仏陀〟を省略して〝仏〟という。〝仏〟はまた〝如来〟と呼ばれるが、それについてはすでに述べた通りである。

かくて、釈尊は仏陀（仏）となられたわけである。そこで、釈尊を〝釈迦牟尼仏《しゃかむにぶつ》〟とお呼びするが、これは「釈迦国出身の聖者（サンスクリット語で〝ムニ〟という）であられる仏」の意である。釈迦牟尼仏は、略して〝釈尊〟ともいう。この釈尊＝釈迦仏の説かれた教えが「仏教」である。

数多なる仏

「仏教」とは、読んで字のごとく、釈迦牟尼仏の説かれた教えである。その点では、イエス・キリストの説いた教えが「キリスト教」であるのと同じことだ。

だが、仏教とキリスト教では、大きなちがいがある。それは、キリスト教は、われわれ人間がキリストになるための教えではないが、仏教は「仏になるための教え」でもある。

そこのところが根本的にちがっている。

つまり仏教は、二重の意味で「仏教」なのである。

一つは、仏の教え。

もう一つは、その仏の教えを実践して、わたしたちみずからが仏になるための教え、である。

〝仏〟とは、先程言ったように、「真理に目覚めた人」「悟った人」である。わたしたち凡夫も、みずからの迷いを捨て、早く真理に目覚めて、悟った人＝仏とならねばならない。それが「仏教」のもう一つの意味なのだ。この点は重要なことだから、読者も少しく記憶にとどめておいてほしい。

さて、そこで、……。

いささか話がややこしくなりそうだが、もう一度、「仏」について語らねばならない。釈迦牟尼仏だけが仏ではなく、ほかにも多くの仏が存在していることを。

もちろん、最初は、釈迦牟尼仏だけが唯一の仏であった。けれども、のちには、釈迦牟尼仏以外に多くの仏が存在していると考えられるようになった。のちには……と言うのは、歴史的な仏である釈尊が入滅されて、しばらくの時間が経ってからである。とくに、釈尊の入滅後五百年のころに起こった新しい仏教である大乗仏教において、多くの仏陀が存在するといった考え方が強い。

釈迦牟尼仏以外に多くの仏陀が存在する――。それはなにも釈迦牟尼仏の価値を貶《おとし》めるものではない。逆である。かえってそれによって、釈迦牟尼仏の説かれた教えが普遍性をもつのである。

こういうふうに言えば、わかってもらえるだろうか……。釈迦牟尼仏は真理を説かれた。その真理がほんとうに普遍的であるのなら、永遠の過去にも、そして永遠の未来にも妥当するはずである。だとすれば、きっと同じ真理を説かれた仏陀が、永遠の過去にいたはずだし、さらに永遠の未来に出現するはずである。

それが、過去仏であり、そして未来仏である。過去・現在・未来の三世にわたって、多くの仏陀が存在する——という思想・信仰が成立した。

さらに、真理は空間的にも普遍性をもつ。真理が普遍的であるのだから、この世界にあって、釈迦牟尼仏が説かれたと同じ真理を、遠い遠いはるか彼方の世界にあって説いておられる仏陀がおられるはずだ。そういった論理も成り立つはずである。

このようにして、数多《あまた》なる仏陀が存在することになった。

過去にも、現在にも、そして未来にも、数多くの仏陀が存在している。

宇宙の無限の空間は、多数の仏陀で充満している。

そのように考えられるようになったのである。

聖道門と浄土門

阿弥陀仏について話そうとして、だいぶ紙数をとっている。『歎異抄』から離れてしまったが、いましばらく辛抱してほしい。『歎異抄』を読むためにも、この辺の知識がどうしても必要なのだ。

さて、われわれは、この宇宙には数多なる仏が存在していることを知った。ところで、その数多なる仏は、それぞれご自分の国土をおもちになっているのだ。すなわち、仏国土である。その仏国土は煩悩《ぼんのう》のない浄《きよ》らかな土地であるので、「浄土」と呼ばれる。つまり、宇宙に充満する無数の仏陀は、各自の仏国土――浄土をもっておられるわけだ。その浄土には、それぞれの名称がある。

たとえば、薬師仏は、東方に浄瑠璃《じようるり》世界と呼ばれるお浄土をもっておられる。

阿弥陀仏のお浄土は、西方にあって極楽《ごくらく》世界と名づけられる。

阿閦《あしゆく》仏と呼ばれる仏は、東方の妙喜《みようぎ》世界の教主である。

毘盧遮那《びるしやな》仏――東大寺の大仏さんがそうだ――のお浄土は、蓮華蔵《れんげぞう》世界である。

そして、釈迦牟尼仏の浄土は、わたしたちの住む世界がそれであり、そこは霊山《りようぜん》浄土と呼ばれる。

もっとも、このようにそれぞれの仏にそれぞれの浄土があるのだが、日本においてとりわけ有名なのは阿弥陀仏の極楽浄土である。だから、とくに何々仏の浄土と言う場合を除いて、ふつうに浄土と言えば、それは極楽浄土だと思ってまちがいないのである。

さて、これだけ前置きしておいて、そこでもう一度話をもとに戻すことにする。わたしは先程、仏教というのは、われわれ凡夫が仏になるための教えだと語った。では、仏になるためには、どのような修行をすればよいか……。いったいどれくらいの期間、修行をつづければよいのだろうか……?

おそらくそれは、厖大《ぼうだい》な時間だろうと思う。

釈尊は二十九歳で出家をし、三十五歳で仏陀となられた。だから、釈尊の場合は六年間の修行という計算になるが、しかし修行の期間はそれだけではないのである。釈尊は最後に仏陀になられる前に、何度も何度も生まれ変わり死に変わりして修行をつづけてこられたのである。それは億という単位を億乗したほどの、いわば無限に近い時間であった。その結果、釈尊は仏となられたのである。

仏教には、天文学的な時間の単位として〝劫《こう》〟ということばがある。億を億乗したほどの、無限とも言うべき厖大な時間である。阿弥陀仏は、五劫のあいだじっと願を思惟《しゆい》されつづけたのである。そして仏となられたのだ。

とすれば、わたしたち凡夫に、そんな修行ができるであろうか？　なんだか心細くなってくる。ちょっと絶望にも似た疑問を前にして、そこで二つの行き方・考え方がある。

わたしたちは修行できる、という考え方だ。修行できる――というより、やらねばならぬ、というべきか。その考え方を「自力」の立場といい、自力による仏道修行の行き方を聖道門と呼ぶ。聖なる道を歩みつづける行き方である。

もう一つは、絶望から出発する。とてもわたしたち凡夫は、この煩悩の多い世界にあって修行できない……と、あきらめきってしまうのである。そして、煩悩のない世界にあこがれる。煩悩のない世界――お浄土に往くことができれば、わたしたちだって修行をつづけて仏になれるであろう。そんな期待を込めて、わたしたちは仏に助けを求める。

「仏よ、あなたの浄土にわたしを迎えとってください！」

そんな凡夫の叫び声が、お念仏である。

だから、この絶望から出発する行き方は、「他力」の立場である。自分の力で修行を完成させるのではなく、仏の力で、仏に救いとっていただいて、お浄土へ往ってから修行を完成させるのである。したがってこの行き方は、聖道門に対して浄土門と呼ばれる。

つまり、わたしたち凡夫が仏となるに、二つの門があるのである。

一つは、聖道門。自力による道だ。

もう一つは、浄土門。仏の力によって救われる道で、他力の立場である。

「往生」の意味

ほんとうを言えば、もう少し解説をつづけたほうがよいのである。『歎異抄』を充分に理解するためには、やはり基本的な仏教の知識があったほうがよい。しかし、かといって解説ばかりをつづけていくと、なんだか仏教概論の講義を受けているようで、読者はそっぽを向かれるかもしれない。

わたしたちは『歎異抄』を読んでいるのだから、このあとは、解説も『歎異抄』に即してすることとしよう。

そこで、次に『歎異抄』の第一段を読む。


一《ひとつ》。弥陀《みだ》の誓願不思議《せいがんふしぎ》にたすけられまひらせて往生《おうじょう》をばとぐるなりと信じて、念仏まふさんとおもひたつこゝろのおこるとき、すなはち摂取不捨《せつしゆふしや》の利益《りやく》にあづけしめたまふなり。弥陀の本願《ほんがん》には、老少《ろうしよう》・善悪《ぜんまく》のひとをえらばれず、たゞ信心《しんじん》を要《よう》とすとしるべし。そのゆへは、罪悪深重《ざいあくじんじゆう》、煩悩熾盛《ぼんのうしじよう》の衆生《しゆじよう》をたすけんがための願《がん》にまします。しかれば本願を信ぜんには、他の善も要にあらず、念仏にまさるべき善なきゆへに。悪をもおそるべからず、弥陀の本願をさまたぐるほどの悪なきゆへにと云々《うんぬん》。

往生《おうじよう》——ということばは、世間一般ではあまりいい意味に使われていない。「車の混雑でね、往生したよ」だとか、「往生際《ぎわ》がわるい」だとか……。けれども、このことばのほんらいの意味は、阿弥陀仏のお浄土である極楽世界に「往きて生まれる」というものである。わたしたちは輪廻《りんね》する存在である。ふつうであれば、死後に地獄——餓鬼《がき》——畜生——修羅（怒りの存在）——人——天のいずれかに生まれるわけだ。この世で悪いことをした者は、地獄・餓鬼・畜生・修羅のいずれかに、善いことをした者は、人間か天人に生まれる。そして、仮に天人になっても、天人は永遠の存在ではないから、再び地獄に堕ちる可能性がある。それがふつうであるのだが、それをやめて、永遠の世界である阿弥陀仏の極楽浄土に往き生まれる。それが「往生」の意味である。

では、なぜ、わたしたちは極楽浄土に往生できるのであろうか？

わたしたちは、自分の力でお浄土に往生するのか？

そうではない。

わたしたちは、そんな力はない。

わたしたちがお浄土に往生できるのは、阿弥陀さまの力によってである。阿弥陀さまのほうからわたしたちを救ってくださるのである。

阿弥陀仏の誓願

では、阿弥陀仏はどうしてそんな力をもっておられるのだろうか？

仏は絶対者であるから、どのような能力でも身につけておられる——と答えてはいけない。キリスト教の神は「万能」であろうが、仏教における仏はそうではない。

じつは、阿弥陀さまにそうした力があるのは、阿弥陀仏がほんらいは人間であったことによるのである。すべての仏が、もともとは人間であった。はじめからの仏なんて、ありはしない。人間が努力して修行して、その結果、仏となった（成仏）のである。

阿弥陀仏は、いや阿弥陀仏の前身である法蔵比丘《ほうぞうびく》が、いや、ちょっと待っていただきたい。もう少し順を追って話すべきだ。そうでないと、読者は混乱される。

それはそれは、遠い遠い昔の出来事である。一人の国王があった。彼はあるとき発心し、王位を捨てて出家をした。この出家者の名が法蔵比丘である。

彼はもろもろの仏たちの浄土を見学し、そして五劫という長い長い時間にわたって思惟したのち、みずから願——誓願——を立てた。その願は四十八あった。四十八願にはさまざまな願いが込められているが、煎じ詰めれば次のようになるだろう。

わたしはみずから仏となって、浄土を建立したい。そして、その浄土に、悩める衆生たちを救いとりたい。すなわち、衆生たちがわたしの浄土に往生したいと願い、それでわたしの名を呼んだら、必ずやわたしの浄土に往生できるようにしてやりたい。わたしは、そんな浄土を建立したいのだ。もしもそれが不可能であれば、わたしは仏となるつもりはない。

だが、……。

そうなのだ。法蔵比丘はその誓願にもとづいて修行し、そしてついに仏となられたのだ。

その仏の名が阿弥陀仏であり、その仏の浄土が極楽世界である。

だから、読者よ、ここのところは論理的に考えてほしい。阿弥陀仏の誓願は、悩める衆生が彼の名を呼べば、その浄土に往生できるようにしたい、というものであった。彼の名は阿弥陀仏であるから、その名を呼ぶことは、

「南無阿弥陀仏」

と称えることである。〝南無〟とは、「帰依する」「尊崇する」といった意味だ。現代のインド人は、「こんにちは」と言うとき、「ナマス・テー」と合掌しながら言う。〝テー〟は「あなた」であり、〝ナマス〟がすなわち「南無」「帰依する」である。

それはともかく、阿弥陀仏の誓願は、わたしたち悩める衆生が「南無阿弥陀仏」と称えれば、必ずやそのお浄土である極楽世界に往生できるようにしてやりたい――というものであった。そして、それがそうならないのであれば、彼は仏にならない、と言われた。

だが、阿弥陀仏は、厳として仏となっておられる。

したがって、わたしたちは、「南無阿弥陀仏」と称えれば、必ず極楽浄土に往生できるのだ。それが、阿弥陀仏の誓願の論理的必然性である。いや、論理的必然性と言ってはいけないのかもしれない。それは論理すらも超越しているようだ。わたしたち凡夫が、小賢

しい知恵をひねってみたところで、なんにもならない。わたしたちは、ただそれを信ずればよいのだ。「不思議《ふしぎ》」というのは、そういう意味である。「不思議」はまた「不可思議《ふかしぎ》」とも言う。思議（あれこれ論理をもてあそぶ）してはいけないのであり、思議できないのである。

阿弥陀仏が誓われた願によって、わたしたち凡夫は、ただ「南無阿弥陀仏」と称えただけで、お浄土に往生できるのだ。わたしたちはそれを信じて、そしてただただ「南無阿弥陀仏」を称えつづける。それでいいのである。それ以上のことは、なんにもいらない。

不思議の世界

ほんのちょっとだけ、脱線を許していただこう。「不思議」ということばで、話しておきたいことがある。

良寛《りょうかん》さんのことだ。

江戸後期の禅僧であり、歌人であった大愚《たいぐ》良寛に、こんな漢詩がある。

花無心招蝶　花は無心にして蝶を招き
蝶無心尋花　蝶は無心にして花を尋ぬ。
花開時蝶来　花開く時蝶来り
蝶来時花開　蝶来る時花開く。
吾亦不知人　吾《われ》も亦《また》人を知らず
人亦不知吾　人も亦吾を知らず。
不知従帝則　知らずとも帝則に従う。

東郷豊治編著『良寛全集（上巻）』によって引用した。最後の一句にある「帝則《ていそく》」とは、東郷氏の注によれば、天帝の則、すなわち大自然の理法の意だそうだ。「知らずとも帝則に従う」とは、つまりは、「知らず識らずのうちに、われわれは自然の大道に従って生きている」といったところである。

蝶が来るとき花が咲き、花が咲けば蝶が来る。それこそ、わたしは思うのだが、不思議の世界ではなかろうか。蝶も無心であり、花も無心だ。無心であってこそ、そのような不思議が出現するのだ。わたしはそう思う。

お念仏も、そのように無心でなければならない。無心であってこそ、不思議がある。わたしたちが「南無阿弥陀仏」と称えるとき、そこにお浄土がある。そこにお浄土があるとき、わたしたちは無心に「南無阿弥陀仏」と称えるのだ。

蝶と花と——。

お念仏とお浄土と——。

そこに不思議がある。わたしたちは、自分でお念仏を称えるのではない。無心にお念仏を称えるのだ。お浄土のほうからやって来て、お浄土がわたしたちにお念仏を称えさせてくれるのである。不思議にたすけられて、わたしたちは、「南無阿弥陀仏」を称える。

革命のお念仏

以上の解説で、阿弥陀仏の誓願——「弥陀の誓願」——がどういうものか、読者もほぼおわかりいただけたと思う。さて、それでは、『歎異抄』第一段の現代語訳を試みることにする。

わたしたちは、凡夫の小賢しい論理を超越した阿弥陀仏の誓願にたすけられて、必ず往生できるのだと信じてお念仏を称えようと思った瞬間、阿弥陀仏のお浄土に救いとられているのである。阿弥陀仏の誓願は、年齢や善悪によって凡夫を差別しようとするものではない。ただ信心だけが問題なのだ。その点を忘れてはならない。なぜなら、阿弥陀仏の誓願は、非常に罪の重いわれわれ凡夫、煩悩をどうすることもできぬわたしたち凡夫を救いとろうとするものであった。だとすれば、われわれはその誓願だけを信じていればよいのであって、そのほかに善行をやらねばならぬなどと考える必要はない。いや、そもそも、お念仏よりすぐれた善行なんてものがあるだろうか。また、だからわたしたちは、決して自分が悪人であると思って卑下することはない。阿弥陀仏の誓願でもって救いとれない悪人など、絶対にあるはずはないのだから。

少しコメント（注釈）を加えておく。

『歎異抄』の原文には〝弥陀の誓願〟と〝弥陀の本願〟と、二つの語が出てくる。これはまったく同じものだ。本願の〝本〟は、仏教学的には「因地《いんじ》」の意味だという。「因地」とは、仏になる前生の時代――つまり仏になるための修行（その修行を因として仏になれるのである）を積んでいる時代のことだ。すなわち法蔵比丘の時代である。わかりにくければ、本願とは「根本的な誓願」であるとしておいてよい。

それから、最初の一文は少し注意深く読んでいただきたい。原文をもう一度掲げると、

一《ひとつ》。弥陀の誓願不思議にたすけられまひらせて往生をばとぐるなりと信じて、念仏まふさんとおもひたつこゝろのおこるとき、すなはち摂取《せっしゅ》不《ふ》捨《しゃ》の利益《りやく》にあづけしめたまふなり。


とある。ここで親鸞聖人は、非常に重要なことを言っておられるのである。それは、いままでの常識をまったく打破した、革命的な思想であった。

いままでの常識というのは、わたしたちは、極楽往生するためにお念仏を称える。なぜなら、阿弥陀仏は「南無阿弥陀仏」と称える者を、そのお浄土に救いとってくださるからだ。だから、わたしたちは「南無阿弥陀仏」を称えねばならない。

けれども、親鸞聖人の言われることはちがう。親鸞聖人は、わたしたちがお念仏を称えようと思った瞬間に、摂取不捨の利益にあずかっているのだ、と言われる。摂取不捨とは、すべての衆生を摂取（救いとり）して、誰一人例外でないことを言う。こころが起き

た瞬間に、われわれはそんな救済にあずかっているのだ。

これはまさに革命的な思想ではないか。

革命的な点は二つある。

その一つは、救いが現世的なことである。お念仏を称えて往生するのであれば、往生は死後のことだから、その利益（お念仏によってもたらされるもの）は来世的である。しかし、お念仏を称えようと思った瞬間に利益にあずかるのであれば、その利益は現世的だ。これが第一点。

もう一つは、必ずしもお念仏を称える必要のないことである。お念仏を称えようとするこころがあればよいのだ。お念仏を称えねば往生できないのであれば、お念仏が手段になってしまう。親鸞聖人はきっとそう考えられて、「こゝろのおこるとき」と言われたのであろう。

では、われわれはもうお念仏を称える必要はないのだろうか？　それでもなおかつお念仏を称えるとすれば、それはなんのためか……？

その疑問に対する解答は、この段では与えられていない。少し先回りして、わたしのことばでとりあえずの解答を書いておけば、「南無阿弥陀仏」のお念仏は、感謝の念仏なのだ。「救ってください」とお頼みする念仏ではなく、「救っていただいてありがとうございました」と感謝の気持ちを込めて言うお念仏。それが親鸞聖人の「南無阿弥陀仏」なのだ。ひとまずは、そう解答しておく。

第4章

自分で賭けよ——親鸞聖人の論理

『歎異抄』第二段

つぎに、『歎異抄』の第二段を読もうと思う。

これまでわたしの論述は、あっちに飛びこっちに飛んできたが、ようやく第一段につづけて第二段を読むに至った。この調子で少しつづけてみたいと思っている。

まずは、原文から――。

一《ひとつ》。おの〳〵十余《じゅうよ》ヶ国《こく》のさかひをこえて、身命《しんみょう》をかへりみずしてたづねきたらしめたまふ御《おん》こゝろざし、ひとへに往生極楽《おうじょうごくらく》のみちをとひきかんがためなり。しかるに、念仏《ねんぶつ》よりほかに往生のみちをも存知《ぞんじ》し、また法文等《ほうもんとう》をもしりたるらんと、こゝろにくゝおぼしめしておはしましてはんべらんは、おほきなるあやまりなり。もししからば、南都《なんと》・北嶺《ほくれい》にもゆゝしき学生《がくしょう》たち、おほく座《おわ》せられてさふらうなれば、かのひとにもあひたてまつりて、往生の要《よう》よく〳〵きかるべきなり。親鸞におきては、たゞ念仏して弥陀にたすけられまひらすべしと、よきひとのおほせをかふりて信ずるほかに、別《べつ》の子細《しさい》なきなり。念仏は、まことに浄土《じょうど》にむまる、たねにてやはんべらん、また地獄《じごく》におつべき業《ごう》にてやはんべるらん。惣《そう》じてもて存知《ぞんじ》せざるなり。たとひ法然聖人《ほうねんしょうにん》にすかされまひらせて、念仏して地獄におちたりとも、さらに後悔《こうかい》すべからずさふらう。そのゆへは、自余《じよ》の行《ぎょう》もはげみて仏《ぶつ》になるべかりける身《み》が、念仏をまふして地獄にもおちてさふらはゞこそ、すかされたてまつりてといふ後悔もさふらはめ。いづれの行《ぎょう》もおよびがたき身なれば、とても地獄は一定《いちじょう》すみかぞかし。弥陀の本願《ほんがん》まことにおはしまさば、釈尊《しゃくそん》の説教《せっきょう》虚言《きょごん》なるべからず。仏説《ぶっせつ》まことにおはしまさば、善導《ぜんどう》の御釈《おんしゃく》虚言したまふべからず。善導の御釈まことならば、法然のおほせそらごとならんや。法然のおほせまことならば、親鸞がまふすむね、またもてむなしかるべからずさふらう歟《か》。詮《せん》ずるところ、愚身《ぐしん》の信心《しんじん》におきてはかくのごとし。このうへは、念仏をとりて信じたてまつらんとも、またすてんとも、面々《めんめん》の御《おん》はからひなりと云々《うんぬん》。

つづけて、現代語訳をしておく。

あなたがたははるばる関東から、いのちがけで上洛して来られた。それは、わたしから往生極楽の道を教わりたいと願ってのことである。だが、わたしが念仏以外の往生の手段を知っており、また経典のことばなどを知っているだろうと勝手に推測し、わたしからそれを教わろうとするのは大きなまちがいだ。それを教わりたいのであれば、南都北嶺——奈良や比叡山——に立派な学者が大勢おられるから、その人々に会って往生の道を聞かれるとよい。親鸞にあっては、法然上人に教わった通り、ただ念仏して阿弥陀仏に助けていただくのだ、と信ずる以外になにもない。念仏が真に浄土往生の原因となるものか、あるいは念仏によって逆に地獄に堕ちることになるのか、そんなことをあれこれ理屈をこねまわし、詮索したいとも思わぬ。もし仮に法然上人にだまされて、念仏した結果、地獄に堕ちたとしても、別に後悔はしない。なぜかと言えば、ほかに仏になれる手段があるのに、それを捨てて念仏して地獄に堕ちたのであれば、そのときはだまされて悔しいとも思うだろう。けれども、念仏以外にわたしにできることはないのだから、念仏によって地獄に堕ちるのなら、はじめから地獄がわが棲処《すみか》なのだ。阿弥陀仏の本願が真実であれば、釈尊の説かれたことに嘘いつわりはない。釈尊の説かれたことが真実なら、善導の注釈に嘘はない。善導の注釈が真実なら、法然上人の教えがまちがっているはずがない。法然上人の教えがほんとうなら、この親鸞の言うこともいつわりではないだろう。つまるところ、わたしの信心は以上である。あとは、念仏を信じて称えられようが、あるいは念仏を捨てられようと、あなたがたの勝手である。

友人への忠告

わたしはいま『歎異抄』第二段を写していて、ふと思ったことがある。わたしたちはときどき、身の上相談を受けることがある。多くの場合は、ごくごく軽い気持ちで、

「ねえ、どうしたらいい……?」

と問われるのだ。それほど深刻なものではない。ときには深刻な相談をされることもあるけれども、問題は深刻であろうとなかろうと、どちらでもよいのだ。深刻な相談に答えようとすれば、答える側も深刻になるだろうし、軽い気持ちで相談されたことには、軽い気持ちで答えることができる。ただそれだけの差だ。

ところで、わたしの言いたいことは、われわれは友人からの相談に答えてあげて、それでよかったと思うことがあるだろうか……ということである。それでよかったというの

は、自分の答えがまちがっていなかったという確信ではない。その確信も大事だが、それよりむしろ、あなたの解答が友人に役立ったかどうかが疑わしく思えないか……。

つまり、あなたがどのようなアドヴァイス（忠告）を与えても、彼がそれを採用することは滅多にない。そう思われたことはないだろうか。

ほんとうにおかしなものである。AかBか——と問われて、あなたがAをすすめる。けれども、すすめられた友人は、ほとんどの場合がBをとるのだ。それくらいなら、はじめからわたしに相談することはないのに……。

どうしてなんだろう……？

ゴードン・オルポートという現代アメリカの心理学者が、こんなことを言っていた。「ある友人をほんとうに理解することは、その人の将来を理解することだ」と（『人間の形成』）。

たしかにその通りだと思う。だから、わたしの忠告を採用しなかったのはけしからぬと、彼にうらみを述べる前に、あなたが彼を理解していなかった至らなさを思うべきだ。ほんとうにあなたが彼を理解していれば、あなたの忠告通りに彼は行動したはずである。

けれども、である。

仮に彼がBをとりそうだとわかっても、あなたは絶対にAのほうがよいと信じているとき、あなたはどうすればよいか。彼の意に反して、あくまでAをすすめるか。そして、Bを決断した彼と訣別すべきか……。

そこまで考えれば、簡単に他人に意見することなどできなくなる。

あなたにできることは、あなたならどうするか――を語るだけだ。選択は、相手にまかせるよりほかない。

『歎異抄』第二段で親鸞聖人が語っておられることは、まさにそのことである。

自分で賭けよ

ともかく、「十余ヶ国のさかひをこえて、身命をかへりみずしてたづねきた」のだから、それは軽い気持ちでなされた質問ではないだろう。「十余ヶ国」とは、常陸を起点として、下総・武蔵・相模・伊豆・駿河・遠江・三河・尾張・伊勢・近江・山城の十二カ国だそうだ。唯円たち関東の門弟は、困難な旅をしてようやく京都にやって来たのである。関東に異端邪説がはびこっていたからである。彼らは親鸞聖人の直接の教えを受けたくて、真剣な気持ちでやって来たのである。

だから、軽い気持ちではない。それを軽い気持ちだと言っては、唯円たちに気の毒である。

だが、形の上での真剣さにとらわれると、わたしたちは判断を誤ってしまう。いかに真剣に問い尋ねられようと、問われている問題は「賭け」なのだ。そこのところを、わたしたちは忘れてはならない。なぜなら、答える親鸞聖人は、それをきっぱりと「賭け」の問題であると割り切って、その上で返答されているからである。

賭けだ——と言うのは、こういうことである。あなたがある病気にかかった。手術が成功する確率は二分の一。成功すれば、十年くらいは生き延びることができる。手術をしない場合でも五分の一くらいの確率で治るであろう。そんなとき、手術をするか、しないかは、賭けの問題である。

それと同じことだ。唯円たちがはるばる東国より訪ねて来て、親鸞聖人に尋ねたのは、

念仏に賭けるか——

念仏以外の道があるのか——

という、ただそれだけの問題である。だとすれば、親鸞聖人にすれば、

「そんなこと、知るものか！　自分で判断して賭けるよりほかないではないか。他人に尋

ねて、それで解決できる問題ではない！」

そう答えるよりほかないであろう。じじつ、言外にそう答えておられるのである。それを前提にして、親鸞聖人はご自分の賭け——選択について話されているのだ。

「でもさ、これはあくまでわたしの場合なんだよ。賭けをするのはあなたたちだから、自分で判断するよりほかないね（このうへは、念仏をとりて信じたてまつらんとも、またすてんとも、面々の御はからひなり）」

そこに、親鸞聖人のことばの真意があるはずだ。そこを読み誤ると、わたしたちはお念仏が称えられなくなる。

おかしな論理

第二段はわりと簡単な章だ。以上の解説で、ほぼおわかりいただけたと思う。

ただし、ちょっと蛇足を加えれば、ここで親鸞聖人が面白い（？）論理を展開しておられることを言っておくべきか。よくよく考えれば、それであたりまえなのだが、しかし論理的にはどうにもおかしな論理なのだ。

「弥陀の本願まことにおはしまさば、釈尊の説教虚言なるべからず。仏説まことにおはしまさば、善導の御釈虚言したまふべからず……」

と、ここのところの論理の展開を、わたしはいつも面白く思うのだ。これは、形式論理学の上では、誤った論理なのだ。

いつか、こんなことがあった。息子がまだ小学校の低学年のころだ。国語の宿題で、彼がまちがいをやった。妻が誤りを指摘し、正解を教えてやっているのだが、彼は頑として聞き入れない。

「だって、先生がそう教えたんだもの……。先生がまちがうはずがない」

息子が妻に喰ってかかっているのを見て、わたしは吹き出した。先生が正しく教えても、教わった彼のほうでまちがうことだってある。彼はそれに気づかず、先生が正しければ自分も正しいと主張しているのである。

それと同じことを、親鸞聖人が言っておられる。阿弥陀仏が正しければ、釈尊も正しい。釈尊が正しければ、善導も正しい。善導が正しければ、法然上人も正しい。法然上人が正しければ、自分（親鸞聖人）も正しい、と。善導とは、唐代の僧で、中国浄土教の大成者である。法然上人は、この善導の思想にもとづいて、みずからの信仰を確立された。したがって、善導は法然上人の師にあたり、そして法然上人は親鸞聖人の師にあたる。

どうもおかしな論理である。

師が正しければ、弟子も正しい。論理的には、そうはならないのである。けれども、これはこれでいいのかもしれない。

なぜなら、これは論理にあらずして、信仰である。信仰だとすれば、師を絶対的に信じるほかない。

親鸞聖人は、絶対的に法然上人を信じられた。たとえ地獄に堕ちてもよい——とまでの、絶対帰依である。では、なぜあなたは、それほどまでに法然上人を信じられるのか？と問われれば、きっと親鸞聖人は、それは法然上人が善導大師を信じられた、とことん信じられたからだ、と答えられるであろう。そして、ではなぜ善導大師を信じるかと問えば、そこには釈尊の名が出てくる。そして、さらに阿弥陀仏が……。

きっと、そうなると思う。

宗教的信仰を語るためには、どうしても世間的にはおかしな論理になってしまうのだろう。常識的にはおかしな論理だけれども、しかし、これはすばらしい論理ではないか……。わたしはこの論理のうちに、とことんまで法然上人を信じきった親鸞聖人の心情を読み取るのである。

そして、溜め息をつく。

その溜め息のうちに、わたしもまた、ひたすらに信じきってお念仏をしたいという、絶望と希望がないまぜになっている。

第5章

悪人に徹する

金持ちと貧乏人

いま、ペンを持つわたしの手が、かすかに震えている。

(さあ、いよいよ来たぞ——)

わたしは、いささか意気込んでいる。

ほかでもない。われわれはいま、『歎異抄』の中でもとりわけ有名な部分、

善人《ぜんにん》なをもて往生《おうじょう》をとぐ、いはんや悪人《あくにん》をや。……

の段に差しかかったのだ。これをどう解釈し、解説するか……。読者はおそらく固唾《かたず》を飲んで——そして、ちょっぴり意地悪く——待ち構えておられるかもしれない。わたしも、また、名解説をしたいと気負っている。

しかし、じつを言えば、なにもそんなに気負い立つ必要はないのだ。「善人だって往生できるんだから、悪人が往生できるのはあたりまえ！」と、親鸞聖人が語られるそのままに信じてしまえばよい。そうすれば、なにも問題はないはずだ。それなのに、わたしたち

は、このことばは逆説的表現である、反語的表現である、などと小賢しい理屈をこねはじめる。そのために、かえってわかりにくくしてしまっているようだ。

もっとも、いまでは偉そうなことを言っているわたしではあるが、やはりわたしにしても最初はわからなかった。そもそも親鸞聖人の言われる「善人―悪人」の概念が、一般世間で言われているそれとはちがっているのではなかろうか……、といったようなことを考えたりした。

そう思える節もある。

すなわち、「善人」というのは、造寺起塔のできる人だ――とするのである。造寺起塔とは、お寺を建立したり、塔をつくったりすることである。それをやれるだけのお金があって、そのお金で仏教界に貢献できる人のことである。古代においては――そして、たぶん現代においても――、それが功徳のある行為とされていた。そうした形で功徳を積める金持ち階級が、つまりはここで言う「善人」である。そのように定義してしまうのである。

すると悪人は、貧乏人ということになる。

貧乏人は、ほかになにもやれぬから、ただひたすらにお念仏に打ち込める。いわゆる

「ゴーイング・マイ・ウェイ（わが道を行く）」である。そこに貧乏人の強味がある。

親鸞聖人は、そのことを言われたのではなかろうか。

そう考えると、非常にすっきりと説明できたように思える。それで、そんなふうに考えた時期もあった。いや、この説明は、完全な誤りというわけではない。こういうふうにも考えることができる——という点では、この解釈も捨てがたい。わたしたち人間は、財物を所有すればするほど貪欲になるのだから、金持ちと貧乏人とどちらが純粋かと言えば、それはやはり貧乏人だろう。だとすれば、金持ちが救われるくらいなら、貧乏人だって救われると断言できそうだ。

したがって、この説明で納得できる人は、どうかそう受け取っていただきたい。要は、わかればよいのである。

第三段は法然上人のことばか

議論をつづける前に、原文を掲げておく。『歎異抄』第三段である。

一《ひとつ》。善人《ぜんにん》なをもて往生をとぐ、いはんや悪人《あくにん》をや。しかるを、世《よ》のひとつねにいはく、悪人なを往生す、いかにいはんや善人をや。この条一旦《じょういったん》そのいはれあるににたれども、本願他力の意趣《いしゅ》にそむけり。そのゆへは、自力作善《じりきさぜん》のひとは、ひとへに他力をたのむこゝろかけたるあひだ、弥陀の本願にあらず。しかれども、自力のこゝろをひるがへして、他力をたのみたてまつれば、真実報土《しんじつほうど》の往生をとぐるなり。煩悩具足《ぼんのうぐそく》のわれらは、いづれの行《ぎょう》にても生死《しょうじ》をはなるゝことあるべからざるを、あはれみたまひて願をおこしたまふ本意《ほんい》、悪人成仏《じょうぶつ》のためなれば、他力をたのみたてまつる悪人、もとも往生の正因《しょういん》なり。よて善人だにこそ往生すれ、まして悪人はと、おほせさふらひき。

いま掲げた原文の最後を見ていただきたい。読者はお気づきになったであろうか。これまでの第一段・第二段と、この第三段は、末尾のところがちがっているのである。すなわち、

第一段　……弥陀の本願をさまたぐるほどの悪なきがゆへにと云々《うんぬん》。
第二段　……面々の御はからひなりと云々。

第三段　……まして悪人はと、おほせさふらひき。
念のため、もう少し末尾にかぎって引用してみよう。
第四段　……すえとをりたる大慈悲心《だいじひしん》にてさふらふべきと云々。
第五段　……まづ有縁《うえん》を度《ど》すべきなりと云々。
第六段　……また師の恩をもしるべきなりと云々。
第七段　……諸善《しょぜん》もをよぶことなきゆへなりと云々。
第八段　……行者《ぎょうじゃ》のためには非行《ひぎょう》・非善《ひぜん》なりと云々。
第九段　……あ〔や〕しくさふらひなましと云々。

ついで第十段であるが、この段は前にも述べたように、『第二歎異抄』の序文を含んだ段である。したがって、第十段以下は別扱いにすべきであろう。そうすると、第三段だけが結びのことばがちがっているわけだ。

これはいったい、どういう理由からであろうか……？

二つの相反する主張がある。

一つは、別になんでもないことだ、とする説である。「おほせさふらひき」と「云々」

とでは、意味にそれほど差があるわけではない。一カ所だけが「おほせさふらひき」となっているのは、おかしいといえばおかしいが、なにもそれにこだわる必要はないというのである。わたしも文章を綴っていて、気紛れにいろんな表現をする。統一した原理があるわけではなく、その場その場での思いつきの結果そうするのである。だから、この主張は納得できないわけではない。

もう一つの主張は、この第三段だけが法然上人のことばである、とするものである。他の段は、唯円房が親鸞聖人の語られたことばを書き留めたものだが、この段にかぎって、法然上人が語られたままを親鸞聖人が伝えられ、それをそのまま唯円房が書き留めたというのである。もちろん、そう主張する根拠は、表現だけにあるのではない。第三段で語られている内容が問題になる。

果たして、第三段の思想内容――古来「悪人正機説」と呼ばれてきたものである――は、法然上人のものか、それとも親鸞聖人にオリジナリティ（独創）があるのか……。なかなかむずかしい問題である。

鎌倉新仏教と聖道門

ここでちょっと、法然上人と親鸞聖人の関係について触れておこう。

親鸞聖人は一一七三年（承安三年）生まれ、法然上人は一一三三年（長承二年）生まれだから、その年齢差はちょうど四十歳である。親子以上に離れている。そして、法然上人が浄土宗を開かれたのは一一七五年（安元元年）である。親鸞聖人が生まれた翌々年のことだ。したがって親鸞聖人にとって法然上人は、最初から一宗一派の祖であり、大人物であった。その前に出れば、思わず足がすくんでしまう……、そんな関係であったのだろう。

ところで、法然上人については、わたしたちはいささか誤った先入観をもっていないだろうか。というのは、わたしなどは迂濶にも、法然上人は鎌倉時代の高僧だと、すっかり信じ込んでいたのである。

よく「鎌倉仏教」と言う。これは、鎌倉時代になって、日本人が仏教を完全に消化し、日本的な仏教をつくりあげたことを言う。

法然上人の浄土宗。

親鸞聖人の浄土真宗。

道元禅師の曹洞宗。

日蓮聖人の日蓮宗。

それらが、いわゆる「鎌倉新仏教」の代表である。教科書などにもそのように書いてある。だから、わたしは、法然上人が鎌倉時代の人だと信じて疑わなかった。

けれども、法然上人の生没年を見れば、そう簡単に断定できないことがわかる。法然上人は一一三三年（長承二年）に生まれ、一二一二年（建暦二年）に寂しておられる。釈尊と同じ八十歳であった。

一方、鎌倉時代のはじまりはいつか……。ご存知のように、頼朝が幕府を開いたのは一一九二年（建久三年）で、法然上人六十歳のときである。ちなみに、法然上人が浄土宗を開かれた一一七五年は、その四十三歳のときであった。

とすると、法然上人が入滅されたのはたしかに鎌倉時代であるが、しかしその活躍期の前半は鎌倉以前である。

これは重要なことである。

ふつうわれわれは、鎌倉時代に新しく開かれた仏教を「新仏教」の名で呼び、鎌倉以前の奈良・平安時代の仏教を「旧仏教」と呼んでいる。旧仏教については、「南都北嶺《なんとほくれい》」といった呼び方もする。奈良（南都）と比叡山（北嶺）のことだ。この「南都北嶺」ということばは、『歎異抄』第二段（本書第四章）に出てきたから、覚えておられる方も多いであろう。旧仏教は、誤解を恐れずに断定すれば、「鎮護国家」の仏教である。ことに比叡山の仏教は、穏当な、中道的な、バランスのとれた仏教である。「聖道門」――清らかな道――と呼ばれるにふさわしい仏教であった。

じつを言えば、法然上人の仏教は、鎌倉新仏教よりも、この旧仏教＝聖道門的な色彩が強いのである。

ある意味で、法然上人は鎌倉仏教の人ではなかった。そう断言しても、それほどまちがってはいないだろう……。

この世の生き方

法然上人は浄土宗を開かれた。わたしたち凡夫は能力が劣っているから、みずからの力で修行して成仏できない。だから、阿弥陀仏のおたすけをいただいて、それで極楽浄土に往生してから成仏するのである。それが法然上人の主張されたことである。

そのためには、当然のことながら、お念仏が不可欠となる。阿弥陀仏の誓願は、「南無阿弥陀仏」と称えた者をその浄土に救いとることであったから、われわれは「南無阿弥陀仏」を称えねばならない。

そこで、法然上人は、お念仏を称えることを根本の重要事とされたのであった。凡夫には念仏がどうしても必要である。凡夫の生き方は、お念仏を優先させた生き方でなければならない。「この世の生き方は……」と、法然上人が語っておられる。

現世をすぐべき様は、念仏の申されん様にすぐべし。念仏のさまたげになりぬべくは、なになりともよろづをいとひすてて、これをとどむべし。いはく、ひじりで申されずは、めをまうけて申すべし。妻をまうけて申されずは、ひじりにて申すべし。住所にて申されずは、流行して申すべし。流行して申されずは、家にゐて申すべし。自力の衣食にて申されずは、他人にたすけられて申すべし。他人にたすけられて申されずは、自力の衣食にて申すべし。一人して申されずは、同朋とともに申すべし。共行して申されずは、一人籠居して申すべし。（「禅勝房伝説の詞」）

どんな生き方でもかまわぬ、ただ念仏ができればよいのだ。だから、サラリーマンでお念仏ができれば、サラリーマンをやめる必要はない。逆に、生家がお寺であって、お寺であるが故に念仏がしにくいのなら、さっさとお寺を飛び出てセールスマンになってお念仏すればよい。ホステスをしていてお念仏ができるなら、彼女にはそれがいちばんよい生き方である。法然上人はそう言われたのである。

そして、――。

じつは、ここのところがちょっと面白いのだが、法然上人にとっては、旧仏教的な――聖道門的な――生き方がいちばん性に合っておられたらしいのである。

法然上人は、ほんとうに穏やかな人であった。もの静かで、いつも戒律を守って生きておられた。「智慧第一の法然房」と評されたように、その学識は該博で、しかも均衡がとれていた。会ったこともない歴史上の人物について、こんな断定的な書き方をするのはおかしいが、わたしは法然上人の書き残されたものを読んで、いつもそのように思うのだ。

だから、法然上人にとっては、端正な生き方のほうが念仏しやすかったのである。

法然上人は、旧仏教の高僧と見まごうばかりの清らかな生活をし、そしてお念仏を称えられた。それが、法然上人のお念仏であった。

法然上人と親鸞聖人

一方、親鸞聖人の場合はどうであったか……。

親鸞聖人も、法然上人と同じく、はじめは比叡山（天台宗）で修行された。比叡山というのは、当時にあっては、いまの東京大学のようなものかもしれない。仏教学を修めようとすれば、南都の六宗、比叡山の天台宗、高野山の真言宗のいずれかに所属して学ぶよりほかなかったのである。法然上人は十五歳のとき、比叡山で出家受戒をされたし、親鸞聖人は九歳で得度《とくど》された。また、法然上人は四十三歳で浄土の信仰を確立され、そしてまもなく比叡山を下りられた。また親鸞聖人は二十九歳で比叡山を下りて、法然上人に師事された。二人はともに比叡山で学び、そして比叡山を下りて、念仏の道を歩んだのである。

しかし、親鸞聖人のお念仏は、師の法然上人のそれとはだいぶちがっている。親鸞聖人は、なにもかもかなぐり捨てて、ひたすら念仏の一道を歩まれたようだ。法然上人のお念仏が中道のそれであれば、親鸞聖人のは（ちょっとことばは悪いが）偏執的であった。それが証拠に、親鸞聖人は、当時の僧としては破天荒な行為である妻帯を断行されている。おそらく親鸞聖人は、念仏の理解をとことんまで追いつめられたのであろう。そして、ギリギリのところで念仏をしようとすれば、破戒＝妻帯といった行為が必要になる。そう考えられて、当時としては破廉恥ともいえる行動に踏みきられたはずである。

「ひじり（聖）で申されずは、め（妻）をまうけて申すべし」

と、法然上人は言われた。そして、そう言われた師の法然上人は「聖」で念仏されたのだが、弟子の親鸞聖人は「妻をもうけて」お念仏されたのである。けれども、彼は、必ずしも妻をもうけたいと思ったのではなかった。彼はただ、自分が「聖」では念仏できないことだけを自覚していた。「聖」でいられない自己を忠実に表明しようとして、彼はあえて「妻をもうけた」のである。わたしはそう思う。そう思うよりほかに、親鸞聖人の妻帯はちょっと説明できそうにない。

親鸞聖人のお念仏は、いささか戦闘的なお念仏であった。どうしても、わたしには、そうした印象が拭えないでいる。

猫の道・猿の道

わたしは猫を飼ったことがないので、親猫が仔猫を運ぶときどうするかを知らない。親猫が仔猫の首筋のところをくわえて、ぶら下げて運ぶのだと教わったことがある。そんな絵を見たような気もする。

猿のほうは、動物園で見た。

仔猿が母猿の胸にしがみついている。母猿はそうして仔猿を運ぶ。

いったいなんの話をはじめたのか……と、読者は思っておられるであろうが、中世インドのヒンドゥー教に、
猫か？

猿か？

といった論争があった。それをいま思い出したので、紹介してみた。法然上人と親鸞聖人の念仏の差を考えるのに、この譬喩《ひゆ》が役立ちそうだ。

念仏は他力である。

わたしたちは能力が劣っていて、自力によっては修行して成仏できないから、阿弥陀仏に救っていただくのである。「他力本願」といえば、いまのことばだと、人の力をあてにして自分はなんにもしないという悪い意味に使われているが、もともとの意味は、阿弥陀仏の本願にすべてをまかせてしまうことである。自分の力で救われるのではなく、仏の力という他力によって救われることである。（仏教のことばを、世間一般で誤解して使って

いることが多い。宗派の人には、それが耐えられぬことのようであるが、なにも目くじらを立てることはない。ある意味で、誤解がことばの宿命である。）

だが、その他力にも二種があるようだ。

一つは猫的他力である。ほんとうになにもかも他力――母親・阿弥陀仏――にまかせてしまって、自分はなにもしない行き方である。

もう一つは猿的他力で、仔猿が母猿にじっとしがみついているように、他力の中にも自力的要素のある行き方である。

そして、法然上人のお念仏は、どちらかといえばこの猿的他力であろう。わたしたち凡夫が、お念仏を称えることによって阿弥陀仏にじっとしがみつく、そんな自力的要素が法然上人のお念仏にはありそうだ。つまり、お念仏は、わたしたちが阿弥陀仏にじっとしがみつく行為なのである。法然上人にあっては、だからお念仏がまず最初になければならない。どうしても欠かすわけにはいかぬのである。

親鸞聖人にあっても、もちろんお念仏がなくてよいわけではない。お念仏は欠かせない。けれども、親鸞聖人の考え方だと、まず信心が大事である。『歎異抄』第一段にあったように、

　弥陀《みだ》の誓願不思議《せいがんふしぎ》にたすけられまひらせて往生《おうじよう》をばとぐるなりと信《しん》じて、念仏《ねんぶつ》まふさんとおもひたつこゝろのおこるとき、すなはち摂取不捨《せつしゆふしや》の利益《りやく》にあづけしめたまふなり。

である。念仏を称えようと思った瞬間に、すでに救われているのである。したがって、念仏より先に信心——称えようと思うこころ——があるわけだ。それが親鸞聖人のお念仏であった。そこで、

法然上人の考え……念仏為本《ねんぶついほん》。
親鸞聖人の考え……信心為本《しんじんいほん》。

といった比較がなされている。念仏を本（基本・根本）とするか、信心を本とするかのちがいがあるわけだ。

　そして、信心を基本・根本とされた親鸞聖人のお念仏は、猫的他力であろう。凡夫のほうに阿弥陀仏を信じるこころさえあれば、お念仏を称えて仏にしがみつく必要さえないのである。すべてを阿弥陀仏のほうでやってくださるからである。

『新約聖書』の譬話

以上で、法然上人と親鸞聖人の他力思想のあいだに、若干のちがいのあることがわかった。では、話をもとに戻して、『歎異抄』第三段の、

善人なをもて往生をとぐ、いはんや悪人をや。

の一句は、法然上人の思想か、それとも親鸞聖人のものであろうか?

わたしは、思想内容からすれば、このことばは明らかに親鸞聖人のものだと思う。徹底した猫的他力を前提にしたほうが、このことばの意味が捉えやすいからである。

もっとも、このことばを法然上人のものとして読むこともできる。いや現に、法然上人がこれと同じ教えを説かれたと伝える文献が、ほかにもあるのである。したがって、これを法然上人のことばとして読んでもよいわけであるが、ただその場合は、少しく意味がちがってくるのではないだろうか……。

わたしは、やはりこれを親鸞聖人のものとして読みたいのであるが、しかしその前に、

仮にこれを法然上人のことばだとして、その意味を考察しておくこととする。

そこで話が少し飛躍するが、キリスト教の『新約聖書』に出てくる一つの譬話《たとえばなし》を紹介しておく。「放蕩息子の帰還」と呼ばれる有名な物語である。

ある人に、二人の息子があった。父は、この二人に財産を分けて与えてやる。兄は父の許にとどまったが、弟は貰った財産を持って旅に出て、すぐさますべてを使い果たしてしまった。食うに困った彼は、それで父のところに戻って来る。

帰って来た息子を迎えて、父親は喜んだ。

父は僕《しもべ》たちに命じる。

「さあ、早く、最上の着物を出してきてこの子に着せ、指輪を手にはめ、履物《はきもの》を足にはかせなさい。また、肥えた子牛を引いてきて屠《ほふ》りなさい。食べて楽しもうではないか。この息子が死んでいたのに生き返り、いなくなっていたのに見つかったのだから」

それから祝宴がはじまった。

畑にいた兄が帰宅してきて、ことの次第を知って怒って言う。

このあとのところは、『新約聖書』「ルカ伝」からそのまま引用しておく。

兄は怒って家に入ろうとしなかったので、父が出て来てなだめると、兄は父に向かって言った、「私は何カ年もあなたに仕えて、一度でもあなたの言いつけにそむいたことはなかったのに、友だちと楽しむために子野羊《やぎ》一匹もくださったことはありません。それだのに、遊女どもと一緒になって、あなたの身代を食いつぶしたこのあなたの子が帰ってくると、そのために肥えた子牛を屠りなさいました」。すると父は言った、「子よ、あなたはいつも私と一緒にいるし、また私のものは全部あなたのものだ。しかし、このあなたの弟は、死んでいたのに生き返り、いなくなっていたのに見つかったのだから、喜び祝うのはあたりまえである」。

この話はむずかしい。いったいイエス・キリストが、この話でもってなにを語らんとしたのか、わたしにはよくわからない。たぶん、神の愛というものを象徴的に語られたのであろうが、正確にはキリスト教神学者に聞いてみないとなんとも言えない。

けれども、この話には、父親の息子に対する愛情がよく語られているのではないだろうか。俗に、極道者ほど親はかわいい、と言うが、ほんとうにその通りだと思う。わたしも一人の父親として、その気持ちがよくわかる。勤勉な息子がかわいくないはずはないが、放蕩息子に対しては別の意味でのかわいさがあるのである。

そして、ほとけの慈悲（阿弥陀仏の本願）というものは、まさにこの父親の気持ちのようなものではないだろうか……。わたしにはそう思えてならないのである。

善悪の超越と悪の自覚

それはつまり、こういうことである。

阿弥陀仏の本願は、迷える凡夫を救わんとしてのものである。仏にとっては、すべての凡夫が等しくかわいいのである。長男がとくにかわいいということもないし、放蕩者だから憎いということもない。

しかし、もし仮に親もとを離れて放浪していた息子がおり、その息子が突然帰ってきたら、親はどれだけ嬉しいであろうか。きっとその子を抱きしめて、泣いて喜ぶはずである。

それが、親のごく自然な感情である。

もしもそのときに、勤勉な兄から、父よ、あなたはわたしがかわいくないのか……？

と問われたら、親は困ってしまうであろう。もちろん、お前だってかわいいのだが、いま帰ってきた弟のかわいさというものは、まったく別種のものなんだ——。そう答えるよりほかないようだ。あるいは、

「あなた（勤勉な兄）だってかわいい。ましてや放蕩者の弟はかわいいんだよ」

そんなことばで応ずることになるであろうか……。そしてまさにこのことばが、「善人なをもて往生をとぐ、いはんや悪人をや」なのである。勤勉な兄を善人とし、放蕩者の弟を悪人と置き換えれば、その意味がよくわかるであろう。『歎異抄』第三段のことばが法然上人のものだとすれば、それはこういうふうに解すべきことばであろう。つまり、善人だとか悪人だとかにこだわっているのがおかしいのであって、仏の慈悲（親の愛）はそんな善・悪を超越していると、そう読むべきではなかろうか。いちおうそのように解釈しておく。

それに対して、親鸞聖人ならどうであろうか……。

わたしが思うに、『歎異抄』第三段がほかのところと同じく親鸞聖人のことばだとすれば、それはこういう意味だと思う。

——みずから悪人と自覚せよ。

親鸞聖人はそう言われたのではなかったか。善人・悪人を超越するのではなく、むしろ悪人に徹することを言われたようだ。その点において、親鸞聖人は法然上人のお弟子でありながら、考え方に少しの差がありそうである。そしてわたしは、『歎異抄』第三段も、あくまで親鸞聖人のことばとして読みたいのである。

悪人に徹する

悪人に徹する——という表現は、あるいは誤解を招くかもしれない。だから、「悪人と自覚する」という言い方を最初はしてみたのだが、どうもそれでは生温《なまぬる》いようだ。親鸞聖人の思想を的確に表現するには、

——悪人に徹せよ。

と、そう断言したほうがよい。そこでわたしは、『歎異抄』第三段の主張を、そのように読むことにする。

しかしながら、悪人に徹せよということは、悪事を働けということではない。人殺しをしたり、盗みを働いたり、わざとそんなことをやる必要はない。そんなことをしなくとも、わたしたちは悪人であるのだ。

じつはこの問題は、『歎異抄』の第十三段と関連してくる。前に『歎異抄』は第十段を境にして、親鸞聖人の「語録篇」と唯円房の「述懐篇」に分けられる、と述べておいた。ある意味で二つの本が合冊されているわけだが、この語録篇と述懐篇は相互に関連をもって構成されているようである。完全な対応関係をつけられるかどうかは別にして、少なくとも第一段・第二段・第三段が、第十一段・第十二段・第十三段と対応していることだけはまちがいのないところである。だから、この第三段を読むとき、読者はざっと第十三段に目を通していただいたほうがよい。そうすると、ここで論ぜられていることの内容がよくわかるであろう。あるいは、ここで読んだことを、のちに第十三段を読む際に思い出していただきたいと思う。

第十三段では、親鸞聖人は、わたしたち人間が恣意的に悪をなしたり、善を行なったりできるわけではないと説いておられる。悪事を働いてしまうのも、それは宿業の故なんだ、と言われるのである。宿業とは、前世からの因縁《いんねん》である。詳しいことはのちに第十三段の解説のときに述べるが、家庭環境だとか、親からの遺伝だとか、そんな諸々の事情によって、われわれはついつい悪いことをしてしまうのだ。そう言い直してもよいだろう。人間というものは、そんな弱い存在である。そのことをはっきりと自覚し、認識するのが、悪人に徹することである。なにも、これからわざわざ悪事に精を出すことはない。と言うより、――。

悪人に徹するということを、これから悪事をやりはじめることだと考えるのは、とんでもない思い上がりである。なぜなら、彼は自分を善人だと思っていることになるからだ。自分は悪人ではない、悪いことをしていないから、これから悪をやりはじめる――と考えてしまうのである。

それは、絶対に悪人に徹することではない。その人は、言うなれば偽善者なのである。悪人に徹した人間とは、自分が悪人であることをはっきりと自覚し、また悪人としてしか生きられないことを認識し、その上で悪人として生きる人である。

自分が善人だと思っている人間は、はじめから問題にならない。その人は、聖道門の人だ。

自分は善人だと思っていないにせよ、ほんの少しくらいは善いこともできると自惚れている人間も、悪人に徹することはできない。

絶対に悪人以外ではあり得ない自分を発見したとき、そのときはじめて彼は悪人に徹することができるのである。

そして、その悪人に徹した人間こそ、じつはいちばん阿弥陀仏の救いにあずかることのできる人間なのだ。

それが、親鸞聖人の思想であった。

病気の子と健康な子

もうここまでくれば、『歎異抄』第三段もすんなりと読めるはずだ。「善人なをもて往生をとぐ、いはんや悪人をや」ということばは、決してパラドックス（逆説）であるわけではない。あまりにもあたりまえのことばである。

善人は――善人は、と言うより、より正確には自分を善人だと自惚《うぬぼ》れている人間は、阿弥陀仏が差し延べてくれている手を振り向こうともしない。自分が恵まれた環境にあり、ほんの少しは善いことができるのも、じつを言えば仏の加護があってのことなのに、彼はそれを忘れて自分が善人だと自惚れているのである。しかし、そんな善人であっても、阿弥陀仏は救われるのだ。

ましてや、……。

もう阿弥陀仏の救いを頼む以外にどうしようもなくなったと絶望している人間、絶望の深淵にあって必死の助けを求め叫んでいる悪人を、阿弥陀仏が救ってくださるのは当然のことなんだ。

親に向かってさえツンツンと邪険な態度をとる子どもがいる。そんな子どもでも、親にとってはかわいい子である。けれども、親に向かってニコニコとすり寄ってくる子どもは、もっとかわいい。もっとかわいい——という比較級の表現は、あくまでも人間のもので決して仏のことばではないが、まあ人間的な表現を許してもらえるなら、親の助けを求めてきた子に対する愛情は、はるかに大きいであろう。したがって、ツンツンとした子どもがかわいいのだから、ニコニコとした子どものかわいいのは、もう言わずもがなであろう。

あるいは、この例のほうがわかりやすいか……。わたしには娘と息子がいる。二人ともとっくに成人したが、子どものころ、どちらかが病気になったときは、親としては病気の子どものほうにより気がいくのである。それが親の情であろう。そして、善人を健康な子、悪人を病気の子とすれば、「善人なをもて往生をとぐ、いはんや悪人をや」のことばの意味が、なるほどとうなずかれはしないか。そう思って、それほどまちがいはないであろう。

さらに読者は、わたしが第一章で言及した讃岐《さぬき》の国の源大夫のことを思い出していただきたい。彼は、阿弥陀仏の話を聞いたとたん、その場ですぐに出家をしたのである。なにもかも捨てて、阿弥陀仏に帰依したのであった。とてものことに、わたしたちにはそういう行動はとれない。そうした行動のとれないわたしたちは、善人なのだ。そして、源大夫は悪人の典型である。そこのところに、善人と悪人との差があるようだ……。

以上で、『歎異抄』第三段の解説をひとまず終える。あとは、例によって現代語訳を加えておく。

善人が救われるのだから、悪人が救われるのは当然のことである。にもかかわらず、世間一般では、悪人が救われるのであれば、もちろん善人だって救われる、と言っている。この考え方は、いちおう表面的には筋が通っているように思えるが、阿弥陀仏の本願・他力という思想を誤解したものである。なぜなら、自力でもって善行をやれると自惚れている人間は、ただただ阿弥陀仏の救いを求める心境にはなれないものだし、阿弥陀仏の本願は、ひたすらに仏の救いを待ち望んでいる悪人を救ってやろうというところにあるからだ。しかしながら、そんな自惚れのこころを捨てて、仏の救いを一途に求めるならば、阿弥陀仏のお浄土の真ん中に生まれさせていただくことができる。ありとあらゆる悩み・苦しみ・欲望・執着を背負って生きているわれわれ凡夫が、いかなる修行をやっても迷いの世界から脱却できないでいるのを知って、そのような凡夫を憐れんで救ってやろうという願いを阿弥陀仏は起こされたのである。したがってその願いの真意は、悪人を救うことにあり、そうだとすればひたすらに阿弥陀仏の救いを求めている悪人が、救いの真の対象である。そこで、善人だって救われるのだから、ましてや悪人が救われるのは当然、と親鸞聖人は言われたのであった。

第6章

欲望と慈悲のこころ

悪人の生き方

さて、そこで、みずからが悪人であることを自覚したわたしたちの、現世的な生き方が問題となる。それは、端的に言えば、「悪人に徹して生きよ！」ということになるが、悪人に徹することは、前章に述べたように、殺人やら盗みやらの悪行に励むことではない。では、悪人に徹して生きる生き方とは、いったいどのようなものであろうか……？

それは、絶望のうちに生きることだ。

絶望のあげくに、しかも絶望のうちにあって、ただただお念仏を称えるよりほかない。それが、悪人に徹したわたしたちの、この現世における生き方であり、悪人に徹した者の生き様《ざま》は、これ以外になさそうだ。

「現世をすぐべき様は、念仏の申されん様にすぐべし」——と、法然上人はそう語られた（一〇一ページ）。そして、親鸞聖人も同じことを言っておられる。「しかれば、念仏まふすのみぞ、すえとをりたる大慈悲心にてさふらうべき」と。この親鸞聖人のことばは、『歎異抄』第四段に出てくるものだ。わたしたち悪人は、ただひたすらにお念仏を称える以外になにもできない。それが『歎異抄』第四段の主旨である。

ともかく、原文を読んでみよう——。

一《ひとつ》。慈悲《じひ》に聖道《しょうどう》・浄土《じょうど》のかはりめあり。聖道《しょうどう》の慈悲といふは、ものをあはれみ、かなしみ、はぐゝむなり。しかれども、おもふがごとくたすけとぐること、きはめてありがたし。浄土の慈悲といふは、念仏していそぎ仏《ぶつ》になりて、大慈大《だいじだい》悲心《ひしん》をもて、おもふがごとく衆生《しゅじょう》を利益《りやく》するをいふべきなり。今生《こんじょう》に、いかにいとをし不便《ふびん》とおもふとも、存知《ぞんじ》のごとくたすけがたければ、この慈悲始終《じひしじゅう》なし。しかれば、念仏まふすのみぞ、すえとをりたる大慈悲心にてさふらうべきと云々。

慈悲についても、聖道門と浄土門とでは考え方にちがいがある。聖道門における慈悲は、相手に対して憐れみの情をもち、悲しみの気持ちを抱き、その相手を保護してやることである。けれども、思うがままに他人を助けてあげるなんてことは、まずはあり得ないであろう。一方、浄土門でいう慈悲は、わたしたちがお念仏を称えて阿弥陀仏の極楽浄土に往生し、そこでみずからが仏となり、その仏の大慈悲のこころでもって自由自在に衆生を救いとることである。いまこの世にあって、わたしたちが他人を憐れみ、同情したところで、完全な意味で他人を助けることはできないのだから、凡夫の慈悲は所詮中途半端なものだ。だとすれば、ただただお念仏することだけが、凡夫に許された大慈悲心ではなかろうか、と、親鸞聖人は言われた。

鹿を打つ僧

『正法眼蔵随聞記《しょうほうげんぞうずいもんき》』といえば、やはり鎌倉時代の高僧であった道元《どうげん》禅師の語録を、弟子の懐奘《えじょう》が記録したものである。その意味で、よく『歎異抄』と対比される書である。

その『正法眼蔵随聞記』に、次のような話が出てくる。

慧心僧都《えしんそうず》源信は平安時代の僧で、日本浄土教の祖とされる人物である。『源氏物語』に出てくる横川僧都《よかわのそうず》は、この源信がモデルであるらしい。ところで、この慧心僧都が、ある日、庭にやって来て草を食っている鹿を、僕《しもべ》に命じて打ち追い出したというのである。

それを見ていた人が問い尋ねる。

「出家者ともあろう人が……。草を惜しんで、畜生を懲らしめるのですか⁉」

「いや、そうではない。わたしが黙って見ていたら、この鹿は人間に馴れてしまい、そして悪人に近づいて殺されるであろう。だから、打ち追うのだよ」

慧心僧都はそう答えられたという。

「これ鹿を打追《うちおふ》は、慈悲なきに似たれども内心は慈悲の深き道理、かくのごとし」――と、『正法眼蔵随聞記』は、道元禅師の評言を書き綴っている。

なるほどそうだ、と、わたしも思う。わたしはインドにしばしば旅行する。そしてインドで、貧しい子どもたちに出会って、なんとも言えない気持ちになる。

「バクシーシ、バクシーシ（おめぐみを、なにかください）」

そう叫びながら差し出された黒く汚れた手を見て、ときには不愉快になる。わずかなお金でも寄進してあげたいと思うが、わたしが金を恵むことによって、かえって相手を乞食にしてしまわないか……と、不安になる。それに、なにせ差し出された手が多すぎるし、これではいくらあっても足りそうにない、といった弁解の考えが出てくる。さらには、いま目の前にいる子どもたちになにがしかを与えたところで、広いインドに何百万の飢えた貧しい子どもたちのいることを思えば、どうしようもない絶望におそわれる。

だから、ときには、一ルピー（日本円だと二〜三円）だってやるものか！　という意地悪い気持ちになる。

また、ときには、たとえ一ルピーでも、目の前の貧しい子どもの救いになるのなら、布《ふ》施《せ》をしてあげたい気になる。

何度目かの旅行の折であったが、この問題に関して、インドの知識人と話し合ったことがある。

「いや、施しをしてもらっては困るのです」と、そのインド人は言った。「観光客から施しを貰う。そうするとその子は、施しを期待して観光客に近寄るようになります。つまり、乞食根性ができるわけです。インドの貧困は、インド人自身の問題です。わたしたちインド人が解決せねばなりません。あなた方観光客は、なにも心配せずに旅行してください」

わたしはそのとき、『正法眼蔵随聞記』の、この慧心僧都の話を思い出した。そして、インド人のことばの真意が、充分に納得できた。

しかし、——。

そうなんだ。しかし、わたしにはわたしの問題が残っている。安心して観光せよ、と言われても、貧しい子どもたちを見て、わたしのこころは痛む。なんとかしてやりたい……という気持ちが残る。

わたしは、いったい、どうすればよいのだろうか……。

だからお念仏を称える

なにもできない――という絶望が、まず最初にある。

どう考えてみても、凡夫であるわたしに、やれることなどないのである。

鹿を打たれた慧心僧都のような慈悲の行為もある。それはそうなのだが、しかしそのような行為は、やはり出家者だからできることであるのだろう。妻をもち、子どもをもっていては、公平無私ではいられないのだ。係累を捨て、家を捨て、世を捨てた出家者だけが、慈悲の行為をなすことができる。

いや、出家者にしても、なおかつさまざまな欲望が残るであろう。名誉欲・権力欲といったものは、出家者の集団のなかにおいてすら、古来紛争の種となってきた。食欲や性欲はコントロールできても、名誉欲や権勢欲を統御するほうがむずかしい――そう正直に告白されたお坊さんの本を読んだことがある。そう言われて、わたしも「なるほど……」と思うところがある。そして、そうした欲望のあるかぎり、われわれは慈悲のこころなどもてそうにない。

出家者にあらざる俗人は、ましてやどうしようもないのである。

貧しい子どもの姿を見て、わたしたちは子どもに同情するが、しかしそれをどうしてやることもできぬのだ。受験勉強に苦しむ子どもに、さて、勉強なんてしなくともよい、と言ってやれるだろうか。それでは、かえってその子がのちに苦しむはめとなる。

病気の子に、親は自分がその病気を引き受けてやりたいと思う。いくらそう思っても、そんなことができるわけがない。

どうすることもできぬのだ。

その、どうすることもできぬところで、わたしたちはお念仏を称えるのである。

しかれば、念仏まふすのみぞ、すえとをりたる大慈悲心にてさふらうべきと云々。

いいことばだと思う。ただひたすらにお念仏を称えるよりほかない。いや、わたしたちは、ひたすらにお念仏を称えていれば、それでいいのである。そうすれば、お念仏が、わたしたちの悲しみも、苦しみも、悩みも、なにもかもを拭いとってくれるのだから。

そうなんだ。わたしたちはなにもできないからこそ、お念仏を称えるのだ。なまじなにかができると自惚れるなら、お念仏がどこかへ消えてなくなってしまう。
南無阿弥陀仏。
なむあみだぶつ。
ただそれだけでいいのである――。

第7章

人間は孤独——他力本願の教え

娑婆で見た弥次郎

江戸時代の咄本《はなしぼん》である安楽庵策伝編の『醒睡笑《せいすいしょう》』に、こんな話が出てくる。

一人の聖《ひじり》がいた。彼は昼夜称名を称え、行ないすましていたので、「生き仏」としての評判が高かった。弥次郎という下男が、この聖につき従っていた。

この聖が、あるとき、自分は土中《どちゅう》入定《にゅうじょう》すると言い出した。それで信者はますますこの聖を尊崇し、供物《くもつ》をそなえた。聖は佐渡の山の中腹に大きな穴を掘り、法衣を着て中に入り、念仏を称えながら生き埋めにされた。

だが、じつを言えばそれはインチキで、聖はあらかじめ抜道を掘っておいて、そこから逃げ出してしまったのだ。彼は越後に渡って暮らしていた。

運の悪いことに、その越後でもとの下男の弥次郎に出会う。弥次郎に問いつめられて、最初は別人だとしらをきっていた聖も、ついに白状せざるを得なくなった。それで彼は、こう言ったという。

「やあ、そなたは、娑婆《しゃば》で見た弥次郎か」

笑い話である。この笑い話から、「娑婆で見た弥次郎」といった表現ができたそうだ。

そして、江戸時代には、たとえば遊廓などでばったり知人に行き合わせたとき、「娑婆以来」といった挨拶をする慣習があったという。きまりが悪いので、そう言いたくなる気持ちはなんとなくわかりそうだ。

娑婆——というのは、この世である。仏教は輪廻転生《りんねてんしょう》の思想をもっているから、この世の次には来世がある。この世で知り合った人と、来世に再び知り合う可能性がある。笑い話は、そんな可能性を前提としている。したがって、この場合の〝娑婆〟といったことばは、「前世」の意味である。ちょっと変わったことばの使い方だ。

仏教語の〝娑婆〟について語る前に、もう一つの俗語としての使い方に触れておく。それは、〝娑婆〟に「自由な世界」という意味があることだ。刑務所に入れられた人間が、出獄してくる。

「ああ、娑婆の空気はうまいなあ……」

と、彼が呟く。刑務所に対して、娑婆は自由な世界である。軍隊から見ても、この俗世間が〝娑婆〟になる。

〝娑婆〟にはそんな意味があるのである。

娑婆は忍土である

しかし、それらは誤った使用例である。誤った――というのは、正しい仏教語の意味はそうではないということだ。世間一般ではそんなふうに使っているかもしれないが、仏教語でいう〝娑婆〟はそれとはちがう。むしろ正反対であって、「自由のない苦しみの世界」が娑婆である。

この語は、サンスクリット語（梵語）の〝サハー（sahā）〟ということばを音写したものである。意味をとって訳せば、「忍土」「堪忍土《かんにんど》」「忍界」と訳される。

わたしたちの生きているこの世界――娑婆――は、苦しみの土地である。暑さあり寒さあり、強風や大雨の災害がある。かてて加えて、精神的な苦悩が多い。たとえてみれば、満員の電車に乗っているようなものだ。足の踏み場もない。わざとの気持ちはさらさらないのだが、他人の足を踏んづけ、他人の体を押しつけてしまう。と同時に、他人から足を踏まれ、他人に力強く押されるのだ。それは仕方のないことだ。われわれはそれをじっと堪え忍ばねばならない。「忍ぶ土地」――それが〝娑婆〟の意味である。

それと、もう一つある。

娑婆は輪廻の世界である。生まれ変わり死に変わりして、生存をつづける世界である。『歎異抄』第五段に「六道《ろくどう》・四生《ししよう》」といったことばが出てくるが、それが流転輪廻のありようを言ったものである。

「六道」とは、地獄・餓鬼《がき》・畜生・修羅《しゆら》・人・天の六つの世界を言う。地獄は、いちばん苦しみの多い世界である。そこに堕ちた者は、ありとあらゆる刑罰に苦しめられる。餓鬼は飢餓《きが》の世界である。なんだか語呂合わせをしているようだが、猛烈なる空腹に苦しめられる存在が餓鬼である。生理的欠陥の故に、餓鬼は目前にある食物を食うことができないのだ。

畜生は愚かな人間の生まれ変わる姿とされる。鞭打たれつつ働かされる牛馬が、畜生の代表である。

修羅は怒りの存在である。正義の怒りであれなんであれ、怒れる者は他者に対して憐愍《れんびん》の情をもつことができないから、修羅道に堕ちざるを得ない。

人間と天人は、地獄・餓鬼・畜生・修羅にくらべると、ややましな世界である。しかし、それでもやはり本質的には迷いと苦しみの世界である。そこのところを錯覚してはいけない。仏教でいう天界は、キリスト教の天国とちがう。天界に生きる天人だって、いつかは死なねばならぬ。そのときには、やはり苦しみを体験するのだ。

「四生」とは、胎生・卵生・湿生・化生の四種類の生まれ方の相違によって、あらゆる生きものを分類したものである。胎生は哺乳動物で、人間や獣がそれ。卵生は鳥や魚。湿生とは、じめじめとした湿気から生まれた虫などを言う。昔の人は、ミミズやオケラ、ボウフラなどを湿生と考えていたのである。最後の化生とは、過去の自分の業によって生まれた存在を言い、われわれが死後に地獄や天に生まれるときはこの化生である。突然にそこに生まれるわけだ。

ともあれ、わたしたちの生きているこの娑婆世界は、そういった流転輪廻の世界なのである。

輪廻転生を信じる

輪廻転生だなんて、あまりにも荒唐無稽で信じられない――と言う人がいる。いや、そう言う人のほうが、大多数であろう。でも、わたしからすれば、信じられないのは不幸だと思う。

とはいえ、わたしはいまはっきりと輪廻転生を信じているわけではない。なんだ、それなら同じじゃないかと言われそうだが、しかしわたしは、それを信じたいと願っている。素直にそれが信じられるようになりたいと、わたしは念願しているのである。その点が、たぶん多くの人とちがっているところであろう。

なぜなら、輪廻転生があるからこそ、極楽浄土があるのである。輪廻の苦しみのうちにある衆生《しゆじよう》を、阿弥陀仏はそのお浄土に迎えとってくださるのである。輪廻の世界がないのであれば、阿弥陀仏の救いは不要であろう。

わたしはお浄土を信じる。お浄土があるのだから、この娑婆は輪廻の世界でなければならない。そうわたしは思うのである。

では、輪廻の世界が信じられない人は、どう考えればいいのだろうか……？　先程わたしは、輪廻を信じられない人は不幸だと言った。なぜ不幸かと言えば、それでは生き方がどうしても投げ遣りになってしまいそうだからである。輪廻が信じられないくせに、しかも反面では人生はこれだけとも信じられないものだから、どうしても生き方が中途半端になってしまう。簡単に、「死んでしまいたい――」といったことばを口にするのも、そのためではなかろうか。確固として人生はこれだけと信じていれば、そんなことが考えられるはずがない。

キリスト教徒がいい例だと思う（と言っても、日本のキリスト教徒はだいぶ日本流に考えているので、そうした確固とした信念をもっている人は少ないのだが……）。キリスト教の教理では、人生はこれだけである。あとは、永遠の天国か、永遠の地獄があるだけだ。だから、人間にはこの人生しかないのであり、それ故に彼らは真剣になってこの人生を生きている。真摯なクリスチャンの生き方には、どこにも甘えがないのである。

ところが、日本人には甘えがある。本当に人生をこれきりとも信じられず、また来世があるとも信じられないから、生き方が中途半端になる。それが日本人の不幸だと思う。わたしは、その意味で、来世があり、輪廻転生があり、そして極楽浄土があると信じられる人間になりたいと願っている。いや、それが信じられるように願って、お念仏をしているのである。きっとお念仏がわたしにお浄土を信じさせてくれる――そう、わたしは安心しているのだ。そこにわたしのお念仏があり、お浄土がある。

蒔いた種子を刈り取る

けれども、かといって読者に、いますぐお浄土と輪廻転生を信ぜよと強制することはできないであろう。信じる、信じないは、そもそも強制できる問題ではないのだから。

そこで、輪廻転生が荒唐無稽なるが故に信じられないと言われる読者に、わたしは次のことをお願いしたい。信じられないのであれば無理に強制はしませんが、ただもう少し長い時間の単位でものを考えてください、と。

たとえば、会社にどうしても馬が合わない部長がいるとする。あるいは、同僚だってかまいはしないのだが、顔を見るのも嫌だという奴がいる。ことあるごとに対立する。そんなとき、ちょっと長い時間の先を考えてもらいたいのである。自分の孫が大きくなったころ、なにかの拍子でこの相手の孫と親しくならないともかぎらない、と。もうすでに、お孫さんが大きくなっておられる方であれば、曾孫《ひまご》でもよいのだ。曾孫どうしが結婚するかもしれない。あるいは、遭難しかけたあなたの子どもの命を、相手の孫が助けてくれるといった出来事が、なきにしもあらずである。

そう考えるなら、いまは憎くてどうにもならぬ相手であっても、少し見方が変わってくるはずだ。いまの瞬間だけよければそれでいい、という考え方は近視眼的である。あとは野となれ山となれ式の無責任な考え方はできないはずだ。そして、何年も先、何十年も先のことを考えているうちに、自然とわたしたちの人生が多くの人々に支えられているのだとわかってくる。世の中は、持ちつ持たれつである。それが、輪廻の考えにつながるのである。

さらに、過去に溯って考えてもらいたい。あなたの何代か前の祖先が、いまあなたの憎んでいる部長の先祖に救われたことがあるかもしれない。十代も溯って考えるなら、もうほんとうになにが起きていたかわからないのである。わたしたちは、お互いに深い関係をもって生きているのだ。そういうふうに自分を眺める訓練がほしい。自分だけよければ……という考え方は、あまりにも狭量である。いまはそれでよくても、あなたはそれでよくても、あなたの子どもが困り、孫が泣かされるはめとならぬともかぎらぬ。一つ、そういうふうに考えてほしいのだ。

輪廻転生の思想は、結局はそのことにつながるのである。わたしたちは、生まれ変わり死に変わりしてこの娑婆にやって来る。いまここで他人に迷惑をかけたことが、必ずあとにはねかえってくるのだ。輪廻の思想は、自分の蒔いた種子を来世の自分が刈り取ると教えている。それをそのまま信じられなくても、あなたの蒔いた種子を、あなたの子孫が刈り取ることを考えてやってほしい。わたしがお願いしたいのは、そのことである。

父母のための念仏をせず

だいぶ前置きが長くなったが、『歎異抄』第五段を読んでみよう。親鸞聖人はここで、一切の有情（生きもの）は長い輪廻転生の過程にあってのわれらの父母兄弟である、と言っておられる。だから、亡き父母の追善供養といったことばかり考えずに、いま現在、この世の中で他者と仏縁を結んでいる、その関係を大事にしていこう――と言われるのである。それが、他力の信仰者が輪廻の世界を生きて行く一つの生き方なのである。

一《ひとつ》。親鸞《しんらん》は、父母《ぶも》の孝養《きょうよう》のためとて、一返《いっぺん》にても念仏まふしたることいまださふらはず。そのゆへは、一切の有情《うじょう》はみなもて、世々《せせ》生々《しょうじょう》の父母《ぶも》兄弟《きょうだい》なり。いづれもくこの順次生《じゅんじしょう》に仏になりてたすけさふらうべきなり。わがちからにてはげむ善にてもさふらはゞこそ、念仏を廻向《えこう》して父母をもたすけさふらはめ。たゞ自力をすてゝ、いそぎさとりをひらきなば、六道《ろくどう》・四生《ししょう》のあひだ、いづれの業苦《ごうく》にしづめりとも、神通方便《じんずうほうべん》をもて、まづ有縁《うえん》を度《ど》すべきなりと云々。

親鸞は、父母の追善供養のために念仏をしたことは、これまで一度もない。なぜなら、生きとし生ける者すべてが、輪廻転生をつづけてきたあいだの父母兄弟であるからだ。したがって、この生きとし生ける者すべてを、この次の世には自分が仏となって助けてあげるべきなんだ。念仏が自力によってつくれる善行であれば、その念仏を廻向して父母を救うこともできるかもしれない。しかし、念仏は絶対他力である。だから念仏者の考えるべきことは、そうした自力のはからいを捨て、まずは自分がお浄土に往生して仏となることだ。そうして仏となることができたなら、その仏に備わっている自由自在なる衆生救済のはたらきによって、この輪廻転生の世界のうちに苦しんでいる一切の縁ある衆生を救ってあげるべきだ。そう親鸞聖人は言われた。

わたしは、「父母《ぶも》の孝養《きようよう》のため」とあるのを、「追善供養のため」と訳した。供養というのは、簡単に言えば、財物を仏教教団に寄進することである。布施《ふせ》することだ。そしてこの布施は、大事な仏道修行なのである。

供養＝布施は、したがって、ほんらいは自分でするものである。生きているうちにやるのがほんとうだ。しかし、生きているうちには忙しくてそれがやれなかった人のために、その人の死後、遺族が故人になり代って供養をする風習ができた。それを追善供養と言う。栗田勇氏によると、日本で最初に追善供養の法会を行なったのは弘法大師空海だと言う（同氏『熊野高野冥府の旅』による）。この風習は現代にまで引き継がれている。

廻向の思想

『歎異抄』第五段には、もう一つ、「廻向《えこう》」ということばが出てくる。

廻向というのは、自分が修めた善行の結果を、他人のために振り向けることである。

しかし、わたしは、ほんとうにそんな考え方が仏教にあったのかどうか、いささか疑問に思うのだ。なぜなら、仏教の根本の哲学は「自業自得」であって、自分がなした行為（自業）の結果を自分が受ける（自得）のである。廻向という考えが入れば、それが崩れてしまうだろう。

けれども、一方において、廻向の考え方がないと、「他力」の考え方もなくなってしまう。「自業自得」に固執していると、仏の力によって凡夫が救われる「他力」の考え方が成り立たなくなる。そこで大乗仏教では、仏の力が凡夫に転ぜられる「廻向」の考え方を採り入れたのである。

だけれども、勝手にそんな恣意的な考えを採り入れてよいのか？　それは仏教の根本哲学である「自業自得」と矛盾するではないか!?

そう反論される読者もおられるはずだ。じつはわたしも——どうもわたしは「理屈屋」なので——、そんなふうに思っていた。大乗仏教は、勝手に自分に都合のいい考え方を採り入れてしまったのだ、と。

しかし、それはちがった。

〝廻向〟（サンスクリット語で〝パリナーマナー　pariṇāmanā〟）という語は、原始仏教にもあったのだ。ことばの意味は、「あるものを本来とはちがった目的に転用する」ということで、たとえば教団に布施された共有財産を、臨時に個人のために使用するのが「廻向」である。大乗仏教は、原始仏教にあったこの〝パリナーマナー〟という考え方をもとにして、独自の解釈をつくりあげたのである。

廻向の思想の限界

かくて、大衆仏教においては、「廻向」の思想が確立されたわけである。いや、じつは、この「廻向」の思想がないと、大乗仏教は成立しないかもしれない。だから、「廻向」の思想によって、大乗仏教が成立したと言うべきか……。それほどに、これは大事な思想なのだ。

と言うのは、あるいは読者のうちには、

「自未得度先度他《じみとくどせんどた》」

ということばを耳にされた方がおられるであろう。「自分で得度する（救われる）前に、まず他人を度《ど》す（救う）ことを願う」というのが、このことばの意味である。それが可能となるには、どうしても「廻向」の思想がなければならないだろう。自分の功徳を、他人に振り向ける必要があるからだ。他人に振り向けてあげられないと、その他人は救われないのである。

ところで、問題は親鸞聖人の考え方である。

親鸞聖人は『歎異抄』第五段において、きっぱりと「廻向」の考え方を否定しておられる。いったいこれは、どういう理由からであろうか……？

それは、「廻向」の考え方に立てば、お念仏が自力の行になってしまうからであろう。

なぜなら、「廻向」というものを、自分が獲得した特権を他人に譲ることだとする。満員電車で自分の座席を他人に譲る。その布施が「廻向」だとすれば、それはまず自分がその特権を獲得せねばならぬから、自力の行になるのである。

さらに、「廻向」の思想のうちには、もう一つの欠点がある。それは、特権を譲れる相手はただ一人に限られることである。

だから、お念仏の功徳（特権）を廻向すると言っても、たいていの場合は、親類縁者だけにしか廻向できないのである。父母のためにするので精一杯である。そこのところに、エゴイズム（利己主義）がある。

余計なことを言うようだが、電車の中などで知人を見かけたとき、その知人が少しでも年輩者であれば、「どうぞ、どうぞ……」と席を譲るくせに、他人にはなかなか席を譲らない。日本人にはそういう傾向があるが、この辺のところが「廻向」の思想の限界ではなかろうか。

あえて下品な表現を許してもらえるなら、どうもケツの穴が狭いのだ。親鸞聖人が「父母の孝養のためとて、一返にても念仏まふしたることいまださふらはず」と言われた真意は、そこのところにあったとわたしは思っている。

自分自身が仏となる

親鸞聖人は、父母のためにお念仏を廻向するといった考え方を否定された。そんな考え方をすれば、お念仏がいつのまにか自力の行になってしまうからである。友だちの宿題を肩代りしてやるといった、手段的なお念仏になってしまう危険があるからだ。

と同時に、そんなお念仏では、仮にそれを廻向できたとしても、ごく少数の人しか救ってあげられない。それでは困る。そんなお念仏では、困ってしまう。それではお念仏はちっともありがたくない。

だから、そんな考え方をしてはいけないのである。

親鸞聖人の言われるのは、こういうことだと思う。

たとえば、病院で医師の診察の順番を待っている。そのとき、わたしの順番をあとの人に譲るのが「廻向」であるが、それだとたった一人にしか譲れない。そこで、順番を譲るのではなしに、わたし自身が医者になる。そうすると、医者が二人になるから、それだけ診療が速くなり、大勢の患者が救われるのだ。

つまり、親鸞聖人が廻向の念仏を否定されたのは、まさにみずからが医者（阿弥陀仏）

となって人々を救う以外に、真の救いはあり得ないと信じられたからであろう。

わたしたち人間が、この世でできることには限界がある。どれほど努力したところで、一人の人間を救うのが精一杯である。いや、その一人だって、木当に救えるかどうかおぼつかないのだ。仮にあなたがお婆さんに順番を譲ってあげたとしても、お婆さんの前にまだ十人の患者が待っていて、そのお婆さんの順番が回ってくる前に、お婆さんが死んでしまうことだってあり得る。とすれば、順番を譲ったくらいでは、お婆さんを救ってあげたことにはならないのだ。

そこまで考えれば、もはやわたしたち凡夫にできることはない——。

そして、その絶望とあきらめが、親鸞聖人のお念仏の出発点であったのだ。わたしはそう思う。

だからこそ、親鸞聖人はこの世の中で孤立しつつ、ひたすらにお念仏を称えられたのである。誰一人として自分の力では救えぬという絶望が孤独を生み、孤独のうちに念仏することによって、はじめて人類全体につながりをもつことができる。そんなお念仏が親鸞聖人の念仏であった。

その孤独者＝親鸞の姿は、次の『歎異抄』第六段に描かれている。

阿弥陀仏とわたしを結ぶ糸

つづけて、第六段を読んでいく――。

一《ひとつ》。専修念仏《せんじゆねんぶつ》のともがらの、わが弟子《でし》ひとの弟子といふ相論《そうろん》のさふらうらんこと、もてのほかの子細《しさい》なり。親鸞は弟子一人《いちにん》ももたずさふらう。そのゆへは、わがはからひにて、ひとに念仏をまふさせさふらはゞこそ、弟子にてもさふらはめ。弥陀の御《おん》もよほしにあづかて念仏まふしさふらうひとを、わが弟子とまふすこと、きはめたる荒涼《こうりょう》のことなり。つくべき縁あればともなひ、はなるべき縁あればはなるゝことのあるをも、師をそむきて、ひとにつれて念仏すれば、往生すべからざるものなりなんどいふこと、不可説《ふかせつ》なり。如来《にょらい》よりたまはりたる信心をわがものがほにとりかへさんとまふすにや。かへすぐも、あるべからざることなり。自然《じねん》のことはりにあひかなはゞ、仏恩《ぶつとん》をもしり、また師の恩をもしるべきなりと云々。

念仏の道に帰依し、ひたすらにお念仏を称えている仲間のあいだで、わが弟子だ、ひとの弟子だという言い争いがあるらしいが、これはもってのほかのことである。この親鸞には一人の弟子もないのだ。なぜなら、わたしがあれこれ面倒を見てあげて他人に念仏させることができたのなら、その人をわたしの弟子だと言えるであろうが、しかし彼はただ阿弥陀仏の御はたらきによって念仏しているのである。その人を自分の弟子だと言うことは、まったくとんでもない思いちがいなのだ。この世のことはすべて縁であって、一緒になる縁があれば一緒になり、離れる縁があれば離れるだけのこと。それを、「師にさからい、別人に師事して念仏すれば、お浄土に往生させてもらえない」と主張するのは、絶対にしてはならないことである。その人が阿弥陀知来からいただいた信心を、あたかも自分が与えてやったかのような顔をして取り戻さんとするのであろうか。どう考えても、あってはならないことである。阿弥陀仏の本願の然らしむるところであれば、黙っていても、その人は仏の恩を知り、また師の恩をも知るはずである。そのように親鸞聖人は言われた。

親鸞聖人は、一人ひとりの人間がそれぞれ阿弥陀仏に結びつけられている、そんな姿を想い浮かべられているのだと思う。阿弥陀仏とわたしを結びつける糸は、一本きりよりほかにない。わたしとあなた、わたしと彼、あなたと彼、彼と彼女を結びつける糸は、どこにもないのである。

淋しい姿である。人間はすべて孤独なんだ。けれども、一人ひとりの人間は、それぞれが太い糸でしっかりと阿弥陀仏に結びつけられているのである。

そこに救いがある。

それだけが救いなんだ。

親鸞聖人はそのように考えられたのであった。

第8章

ただ一人して称えるお念仏

禿頭でしかない頭

第八章をはじめるにあたって、最初に親鸞聖人のご生涯に触れておこう。

彼は一一七三年（承安三年）、藤原氏の一族日野有範《ありのり》の子として生まれた。幼名を松若丸といい、九歳の春、のちに天台座主《ざす》となった慈円《じえん》（慈鎮和尚《じちんおしょう》）について出家した。出家の動機については、ほとんどわかっていない。父母を早くに亡くしたためとも言われるが、しかし彼の父の有範は当時まだ存命であったが、その父も出家していたとする異説もある。あるいは、親鸞は世の無常を感じたので出家したとする説もあるが、九歳の子どもに無常がわかるであろうか。出家の動機は不明としておいたほうがよい。

比叡山で僧となった親鸞は、二十年ののちに山を下りる。彼は法然上人と出会い、ひたすらに法然上人に師事して念仏の教えを聴聞した。そして、法然上人の主著である『選《せん》択《ちゃく》本願念仏集』の書写を許されるまでに至る。これは、いわば師弟関係の確立であった。

だが、一二〇七年（承元元年）には、親鸞聖人の生涯を大きく変える事件が起きた。朝廷から念仏停止の宣旨が出され、法然上人以下数名の念仏者が罪科に処せられたのであった。このとき、法然上人は土佐に流され、そして親鸞聖人は越後に流された。二人とも還俗させられて、法然上人には藤井元彦、親鸞聖人には藤井善信という俗名が与えられた。もはや僧ですらなくなったのである。

——天皇はまちがっている。

後年、『教行信証《きようぎようしんしよう》』の中で、親鸞聖人はそんな悲痛な叫びを発しておられる。専修念仏に反対する南都北嶺の僧たちの訴えを一方的にとりあげて、阿弥陀仏の教えにすがって生きるよりほかない弱い人々のお念仏を弾圧する国家権力の横暴に、聖人は怒りをおぼえられたにちがいないのだ。

——されば、非僧非俗なり。わたしの頭は禿頭《はげ》。

親鸞聖人はそう宣言された。国家権力は、わたしから「僧」としての立場を奪った。じつは、当時の僧というものは、いわば国家公務員であった。『僧尼令』によって、僧の行動は厳しく制限を受けている。僧たる者は国家の安寧興隆を祈るのが仕事で、一般民衆への布教は禁じられていたのである。そういう「僧」であったからこそ、国家権力は権力でもって「僧」をやめさせることができるのだ。法然上人も親鸞聖人も、かくて「僧」をやめさせられた。「非僧」とは、そういう意味だ。

けれども、親鸞は俗人ではない。彼に俗名を与えたのは国家権力であるが、だからといって彼は「俗人」に甘んずる気はなかった。そんなことをすれば、権力の恣意性を容認したことになる。だから、彼は「非俗」を自称したのである。

非僧非俗であれば、彼の坊主頭はどうなるか……。それは文字通りの意味においての「禿」である。「禿」でしかないのだ。それを「禿」と称するのは、ある意味では自嘲である。しかし、自嘲を徹底したとき、そこには一つの「立場」が生ずる。

——愚禿《ぐとく》親鸞。

彼は自己をそう規定した。権力から離れてお念仏する人間の姿が、そこに確立されている。

それは絶対的な孤独者だ。権力から離れてしまえば、人間は孤立する。孤立せざるを得ない。現代で言えば、健康保険もなければ、老齢年金も与えられぬ無国籍者になろうか。仮にその人が暴力団から脅迫を受けても、国家は彼を庇護してくれぬわけだ。村八分の状態であろうか。

「愚禿親鸞」は、そのような人間存在を呼んだことばである。

弟子をもたなかった親鸞

親鸞聖人は「孤独者」としての自己を自覚された。人間は本質的に「孤独」なのだ。

前章でわれわれは、

「親鸞は、父母《ぶも》の孝養《きようよう》のためとて、一返にても念仏まうしたること、いまださふらはず。」

「親鸞は弟子一人ももたずさふらふ。」

といったことばを読んだ。そこにわれわれは、親鸞聖人の「孤独者」の姿を見てとった。なぜ、彼は「孤独」を表明したのか。その背後には、国家権力によって孤立させられた彼の苦悩があったと思う。

なぜなら、親鸞聖人は法然上人に絶対的に帰依された。この人のあとを、どこまでもついて行こうと決心されたはずだ。だが、一二〇七年（承元元年）の流罪は、そのような二人を引き離してしまったのだ。

土佐と越後と、国家権力は二人をバラバラにする。

離れ離れにされた法然上人も親鸞聖人も、だからといってお念仏を捨てたわけではない。バラバラになっても、二人はお念仏をつづけた。いや、お念仏は、バラバラになってしかつづけられないものかもしれない。本当に一人ひとりがバラバラになって、それでもつづけていくのがお念仏であろう。それが、親鸞聖人が権力によっていやというほど教えられた真実であろう。

だとすれば、師だ、弟子だと、そんな表層的なつながりにしがみついていては、いつの日かお念仏ができなくなる日がやってくるかもしれない。親鸞聖人はそのように考えられた。そう考えられて、ただ一人になって称えるお念仏を確立されたのだと思う。

「親鸞は弟子一人ももたずさふらう。」

それが、このことばの意味だと思う。

そして、だからこそ親鸞聖人は、一二一一年（建暦元年）に流罪を赦免されたのちも、京都に戻らずそのまま越後にとどまり、逆に三年後には関東の地に赴いておられるのである。その理由についてはいろいろと考えられているが、最終的にはお念仏は一人で称えるものであることを、親鸞聖人が自覚しておられたためと思われる。なにもあわてて京都に戻る必要はなかったのだ。どんなところにいたって、お念仏は称えられるのである。

孤独のお念仏

お念仏を称える者は孤独である——。

先程、わたしはそう言った。そのことばは、そのままで正しい。どこにも誤りはない。けれども、このことばには、少し曖昧なところがある。お念仏を称える者は、孤独でなければならないのか？　つまり、孤独であってはじめてお念仏が称えられるのか？　それとも、お念仏を称えている者を、国家権力が孤独にしてしまうのか？

わたしは、親鸞聖人に即して言えば、後者の考え方が正解であると思う。実際に、聖人は国家権力によって孤独にさせられたのだ。そして、孤独にさせられても、なおかつ彼はお念仏を称えつづけたのである。

だから、親鸞聖人は立派なんだ。そう言ってはいけない。そんなことを言えば、わたしたちは聖人を誤解したことになる。親鸞聖人がいちばん思ってほしくなかったことが、そのことであろう。

親鸞聖人が、弾圧にもめげずお念仏を称えつづけたのは、聖人の意志の力によるものではなかったのだ。それを意志力の故にと評価すれば、お念仏が自力の行になってしまうであろう。そうなっては大変だ。親鸞聖人は、ご自分の意志力でもって念仏を称えつづけられたのではない。

逆である。お念仏が親鸞聖人をして称えつづけさせたのである。念仏が念仏者を護ってくれるのであって、念仏者が念仏を護るのではない。

『歎異抄』第七段は、そこのところを述べたものである。

一《ひとつ》。念仏者《ねんぶつしゃ》は無碍《むげ》の一道《いちどう》なり。そのいはれいかんとならば、信心の行者《ぎょうじゃ》には、天神《てんじん》・地祇《ちぎ》も敬伏《きょうぶく》し、魔界《まかい》・外道《げどう》も障碍《しょうげ》することなし。罪悪も業報《ごうほう》を感ずることあたはず、諸善《しょぜん》もおよぶことなきゆへなりと云々。

念仏者はさまたげなき絶対の道を行く。なぜなら、念仏を信じている者には、天の神、地の神も敬服し、悪魔も外道も彼を妨害できぬからである。さらには、彼はみずからの犯した罪悪の報いに悩むことはなく、いかなる善をもってしても念仏におよばない。だから、念仏はさまたげなき一道なのだ。そう親鸞聖人は言われた。

念仏者と念仏

じつを言えば、この段はちょっと訳しにくいのだ。と言うのは、冒頭の、

「念仏者は無碍の一道なり。」

の一文をめぐって、これまで研究者がいろいろのことを言っているのである。すなわち、「無碍の一道なり」の主語は、「念仏者」か「念仏」かが論争の種《たね》になってきたのだ。

形式的・文法的に言えば、たぶん「一道なり」に対応する主語は「念仏」であろう。だから「念仏者は……」とあっても、これは「念仏は……」と読むべきだという説がある。〝者〟を〝は〟と読む例は古典にときどき見られるのであり、だから唯円房は「念仏者《は》……」と書くつもりで、「念仏者は……」と書いてしまったというのである。たしかに、それは首肯できる説である。

しかし、わたしは、そんなことはどっちでもよいと思う。文章というものは、文法通りに書くものでもないだろう。わたしもこれまで文章を書いていて、主語が二つあったり、三つあったり、あるいは途中で主語の変わる文章を綴ったりした。別段、それで恥ずかしいとも思わない。通じれば、それでいいのだ。

したがって、細かな文法的詮索などする必要はない。要するに、わかりさえすればそれでよいのである。「念仏者は……」で意味が通じればそう読めばよいし、どうしても「念仏は……」にせねば意味がとれないのなら、そう読めばよいのだ。わたしは、「念仏者は……」でも意味が通じると思うから、そう読んでおく。

「念仏者は無碍の一道なり」のそのままで意味が通じると言うのは、わたしはこう考えているからである。つい先程も述べたところであるが、念仏者と念仏の関係は、念仏のほうが主役である。念仏者が自分の意志で念仏を称えるというよりは、念仏が念仏者をして念仏を称えさせるのである。そのことさえわかっていれば、「念仏者」とあっても、わたしたちはその背後に「念仏」そのものがどっかとましますのを知っているはずである。換言すれば、「念仏者」は表面的なかたちで、実体は「念仏」である。

たとえば、「わが社の社長が表彰された」と言うとき、その人が増原良彦という名前であるとして、増原良彦個人が表彰されたと考えるよりは、むしろ会社そのものが表彰を受けたと見たほうがよい場合がある。その場合、〝社長〟というのは会社の代表者であり、会社を管理する〝機能〟に焦点が絞られている。だから、「念仏者」のうちに、われわれは「念仏する〝機能〟」を見るわけだ。そう読めば、「念仏者は無碍の一道なり」そのままで、ちっとも矛盾していないのである。

細かな詮索はしない、と言っておきながら、結構くだくだしく論じてしまった。だが、ここのところの「念仏者」と「念仏」との関係は重要である。重要である証拠に、『歎異抄』第八段においても、その問題が論ぜられている。そこで、われわれはその第八段を読んでみよう。

念仏者にはお念仏ができない

一《ひとつ》。念仏は行者《ぎようじや》のために非行《ひぎよう》・非善《ひぜん》なり。わがはからひにて行《ぎよう》ずるにあらざればば非行といふ、わがはからひにてつくる善にもあらざれば非善といふ。ひとへに他力にして自力をはなれたるゆへに、行者《ぎようじや》のためには非行・非善なりと云々。

先程わたしは、お念仏が主役だ、と言った。お念仏が念仏者をしてお念仏を称えさせる――それが真実のお念仏の姿である。親鸞聖人はそういうふうに考えられていたのである。

では、そこのところを裏返しに表現すればどうなるか……。裏返しの表現、といった言い方はおかしいけれども、「念仏が念仏者をして念仏を称えさせる」ということを、念仏者を主語にして書けばどうなるか……？　そうすると、

「念仏者にはお念仏ができない」

となるのである。なぜなら、お念仏を称えるのはお念仏だからである。念仏者は、喩《たと》えはあまり適切でないが、まあ言ってみれば口だけを貸しているようなものだ。だから、念仏者はお念仏を称えられないのである。

それが、『歎異抄』第八段で、親鸞聖人の語っておられることである。そのことを念頭に置いて、これを現代語訳してみよう。

> 念仏者にとって念仏は、行でもなければ善でもない。自分のはからいでもって称えられるものではないから、行ではない。自分のはからいでもってやれることではないから、善ではない。ただただ阿弥陀仏の他力によって称えさせていただくものであり、自力を離れたものであるから、お念仏は念仏者にとっては行でもなく善でもない。そう親鸞聖人は語られた。

結果としての感謝

〝行〟ということばは、ごくふつうに受け取るなら「修行」だと思う。念仏は、修行ではないんだよ……と、親鸞聖人は言われたのだ。もちろん、そういうふうに解釈してもかまわない。そのように解釈したほうが、すんなりといく。「非行・非善」という対句が、それなりに生きてくる。「お念仏は修行ではないのだし、善行でもないのだよ」と、まずは解釈しておいてまちがいではない。

お念仏は修行ではない——ということばの裏には、それまでお念仏を修行と受け取る考え方があったことが読み取れる。まさにその通りで、法然上人や親鸞聖人以前の仏教教学においては、念仏は修行であったのだ。天台宗の比叡山では、とっくの昔から修行としての念仏があった。坐禅をするのと同じく、称名念仏をする。それが仏道の修行であったのだ。したがって、その場合のお念仏は、数が多ければ多いほどよいのだ。修行であるから、数が多いほどよいのは当然である。

それから、お念仏以外の修行もやるべきである。お念仏は、プロ野球の選手が練習にバットの素振りをやるようなものだ。素振りの回数は多いほどよいし、その他の練習——

たとえばランニング、腕立て伏せなど——もやるべきなんだ。それと同じく、お念仏以外にも、坐禅をやったり写経をしたりしたほうがよい。お念仏が修行だというのはそういうことであり、法然上人や親鸞聖人以前の仏教では、念仏は修行であった。それを、法然上人が出て、お念仏は修行でないと断言された。お念仏だけでわたしたちは救われる、と法然上人が言われたのであり、その法然上人の考え方に感動し、法然上人のお弟子になられたのが親鸞聖人であった。したがって、『歎異抄』第八段の「非行」を、「お念仏は修行ではない」と解釈して、ちっともまちがいではないのである。

けれども、あえてもう一歩を進めれば、親鸞聖人と法然上人の考え方のあいだには、わずかばかりの差がある。いや、わずかばかりと言えないのかもしれぬ。根本的な差があると言うべきか。そこのところは微妙である。

ともあれ、二人のあいだには差がある。その差については、すでに第五章で少し触れておいた（一〇七ページ参照）。もう一度繰り返すなら、次のようになる。

法然上人の考え……念仏《ねんぶつ》為《い》本《ほん》。

親鸞聖人の考え……信心《しんじん》為《い》本《ほん》。

法然上人はお念仏が根本だと言われた。念仏によって、わたしたちは阿弥陀仏に救われる、とされたのである。

しかし、親鸞聖人は、信心が根本だとされた。お念仏を称えなくとも、阿弥陀仏を信じるこころがありさえすれば、それで救われるとされたのである。極端な言い方をすれば、お念仏を称える必要さえないのである。それが親鸞聖人の考え方であった。

では、親鸞聖人はお念仏を称えられなかったのか？

「否」である。親鸞聖人もまたお念仏を称えられた。

では、なんのためにお念仏を称えられたのか？

なんのためでもない。そもそも親鸞聖人は、往生のための念仏すら拒否されたのである。なにかの目的をもった念仏など、聖人にとってはあり得ぬものである。親鸞聖人のお念仏は、目的ではなく結果であった。阿弥陀仏に救っていただいたことを感謝する、報恩の念仏であった。結果としての感謝の念仏であったのだ。

そこまで考えるなら、「念仏は行者のために非行・非善なり」の〝行〟を、もうまったく文字通りに「行」「行為」と解釈していいことにならないか。「修行」ではない。そう理解するのは当然のことで（あるいは法然上人的解釈で）、親鸞聖人にすれば、それはもはや「行為」ですらなかったことになる。つまり、念仏者は念仏できないのである。念仏者が念仏するのではなしに、阿弥陀仏が念仏者をして念仏を称えさせてくださるのだ。それが報恩・感謝の念仏である。親鸞聖人のお念仏はそんな念仏であった。

はからいなきお念仏

そこで、次にわれわれは、『歎異抄』第十段に進もう。第十段は、本書の第二章でも述べたように、『第二歎異抄』の序文が含まれている。いまはその序文を除いて、第十段の本文だけをとりあげる。

一《ひとつ》。念仏には無義《むぎ》をもて義《ぎ》とす、不可称不可説不可思議《ふかしょうふかせつふかしぎ》のゆへにとおほせさふらひき。

ここまでくれば、わたしたちはこの一文の言わんとしているところが理解できる。お念仏というものは、わたしたち凡夫（念仏者）が称えようとして称えられるものではない。お念仏とは、阿弥陀仏が凡夫に称えさせてくださるものである。わたしたちは、そのことをはっきりと確認した。それがわかれば、この第十段はむしろやさしい。

「念仏には、無義をもて義とす」――お念仏は、阿弥陀仏が称えさせてくださるものだ。したがって、凡夫にとっては、それは「無義」である。お念仏の義は、ただ阿弥陀仏にしかない。

「不可称不可説不可思議のゆへにと」――わたしたち凡夫は、お念仏を称えられない。いや、お念仏について、あれこれ論じ、考えることすらできない。お念仏は、ただ阿弥陀仏が念仏者に称えさせてくださるものだからである。極言すれば、阿弥陀仏がお念仏を称えておられるのだ。

真のお念仏は、凡夫のはからいを超越している。凡夫はお念仏を称えることもできず、説くこともできず、思慮することもできない。そう親鸞聖人は言われた。

そのように訳しておく。そのように訳してみて、あらためてびっくりする。これはすごいことばである。

そうなんだ。わたしたち凡夫には、お念仏すらないのである。だから、わたしたち凡夫は救われるのである。

なぜなら、わたしたち凡夫にお念仏が残されていれば、わたしたちはそれに引っかかってしまう。お念仏を称えなければならないような気になる。そうなると、わたしたち凡夫は、一所懸命にお念仏を称えようと努力してしまうのである。

それは自力である。そんなふうにお念仏を称えようとすれば、お念仏が修行になってしまう。自力になってしまう。それでは困るのだ。

だから、お念仏は称えられない——。

親鸞聖人はそう断言してくださっている。それで、われわれ凡夫は安心できる。称えられないのであれば、称える必要はないのだ。称える必要がないから、のほほんと称えないでいられる。

それでいいのだ。

しかし、わたしたちがのほほんとしていても、阿弥陀仏がわたしたちに念仏をさせてくださる。

「南無阿弥陀仏、なむあみだぶつ」

それが無義のお念仏だ。阿弥陀仏が称えておられるお念仏である。

ほんとうのお念仏なのだ。

第9章

唯円房の歎き

「歎き」を歎くな

以上で、『第一歎異抄』が終わった。順不同で読んできたので、あるいは読者は困惑されたかもしれない。しかし、『第一歎異抄』は、親鸞聖人のお弟子の唯円房が、聖人の生前に聖人その人から伺ったことを、思い出しながら書き留めたものである。必ずしも親鸞聖人が語られた順になっていない。いや、むしろ、唯円房自身がこれから語りたいと思っている『第二歎異抄』に合わせて、『第一歎異抄』を編集した形跡さえある。

前にちょっと指摘しておいたが、『歎異抄』第一段・第二段・第三段と、第十一段・第十二段・第十三段とは、内容が対応しているのである。だとすれば、『第一歎異抄』は唯円房の都合に合わせて並べられているので、われわれとしては少々順序を入れかえて読んでも、それほど無謀ではないのである。まあ、そのように弁解させていただくこととしよう。

さて、われわれは、これから『第二歎異抄』を読もうと思う。ところで、その読み方であるが、こちらのほうは原文に即して読んでいきたい。もちろん、わたしの感想も随所で語らせていただくが、そのほうは従として、中心は『第二歎異抄』の原文に置きたい。

理由は、一つには紙数の関係である。

それともう一つ、これまでの章において、わたしたちは『歎異抄』の思想の概要を知ったから、『第二歎異抄』のほうはわりとすんなりと読んでいけると思う。そんなわけで、『第二歎異抄』は読み方（正確には「書き方」）を少しちがえてみたいと考えるのだ。

それでは、まず最初に『第二歎異抄』の序文から。すでに述べたように、『第二歎異抄』の序文は、『歎異抄』第十段の本文につづけて、本来は改行もなしに書かれている。しかし、この部分は明らかに内容がちがっている。これは、誰が読んでも「序文」である。したがって、われわれはこれを『第二歎異抄』の「序文」として扱うことにする。

そもそもかの御在生《ございしょう》のむかし、おなじくこゝろざしをして、あゆみを遼遠《りょうえん》の洛《らく》陽《よう》にはげまし、信をひとつにして、心を当来《とうらい》の報土《ほうど》にかけしともがらは、同時に御意趣《ごいしゅ》をうけたまはりしかども、そのひとぐ〜にともなひて念仏まふさるゝ老若そのかずをしらずおはしますなかに、上人《しょうにん》のおほせにあらざる異義《いぎ》どもを、近来《ちかごろ》はおほくおほせられあふてさふらうよし、つたへうけたまはる、いはれなき条々《じょうじょう》の子細《しさい》のこと。

かつて、親鸞聖人がまだご在世の昔、わたしたちは同じ決心をもって、はるばると京都まで苦難の旅をした。そして、信仰を一つにし、心をただお浄土への往生にかけた仲間たちが、同時に親鸞聖人より教えをいただいたのであった。そのときの仲間たちにつき従って念仏しておられる数多い老若男女のうちには、最近、ご聖人の教えとはちがった異端の説を述べられる人が多くなったと聞いている。なんの根拠もない異説の詳細は、次の通りである。

唯円房は昔日の回想よりはじめる。

彼は、かつて関東の念仏者たちのあいだで信仰の混乱が生じたとき、仲間たちとともに「十余《じゅうよ》ヶ国《こく》のさかひをこえて、身命《しんみょう》をかへりみずして」（第二段）、京都まで親鸞聖人を尋ねて行ったのである。関東から京都まで、往事にあっては、それは想像を絶した苦難の旅であった。しかし、それは、まちがいのない信仰を確立したいという願いからであった。

にもかかわらず、時間の経過とともに、またぞろ異端の思想が顔を出すのだ。唯円は、それを苦々しく思った。なんたることぞ……と、彼は歎く。その歎きが『第二歎異抄』

を、いや『歎異抄』をつくらせたのだ。

しかし、わたしは、必ずしも歎くにおよばないと思う。唯円房が歎かれる気持ちはよくわかるが、あらゆる思想が時代によって変容されることを知っているわれわれには、歎きよりもむしろ批判のほうが必要ではないかと思う。なぜなら、思想は歪められるのだ。時代がちがえば、思想は歪められて当然である。生きているからこそ歪むのである。

歪んだ思想ともとの思想とのあいだには、一種の緊張関係がある。その緊張関係がぷっりと切れてしまえば、両者は別々の思想である。思想が死んでしまえば緊張関係の生じようがないが、あまりに緊張関係が強まっても分裂する。「歎き」があるということは、両者が分裂していないのであり、しかも緊張関係があることを意味する。むしろ、それは望ましいことではないか……というのが、わたしの意見である。

歎きがあることは、決して歎く必要はないのだ。

わたしたちは、「歎き」を通して、もう一度原点に帰ることができる。それが「批判」だ。そういう角度から、われわれは『第二歎異抄』を読んでみたいと思う。

誓願なのか、お念仏なのか

さて、ついで『歎異抄』第十一段である。これは『第二歎異抄』にとっては第一段にあたる。

一《ひとつ》。一文不通《いちもんふつう》のともがらの念仏まふすにあふて、なんぢは誓願不思議《せんがんふしぎ》を信じて念仏まふすか、また名号《みょうごう》不思議を信ずるかといひおどろかして、ふたつの不思議の子細《しさい》をも分明《ふんみょう》にいひひらかずして、ひとのこゝろをまどはすこと。この条《じょう》かへすぐ〳〵もこゝろをとゞめておもひわくべきことなり。誓願の不思議によりて、やすくたもち、となへやすき名号を案じいだしたまひて、この名字《みょうじ》をとなへんものをむかへとらんと御約束《おんやくそく》あることなれば、まづ弥陀の大悲大願の不思議にたすけられまひらせて生死《しょうじ》をいづべしと信じて、念仏のまふさるゝも、如来《にょらい》の御《おん》はからひなりとおもへば、すこしもみづからのはからひまじはらざるがゆへに、本願に相応《そうおう》して実報土《じっぽうど》に往生するなり。これは誓願の不思議をむねと信じたてまつれば、名号の不思議も具足《ぐそく》して、誓願・名号の不思議ひとつにして、さらにことなることなきなり。つぎに、みづからのはからひをさしはさみて、善悪《ぜんまく》のふたつにつきて、往生のたすけさはり二様《ふたよう》におもふは、誓願の不思議をばたのまずして、わがこゝろに往生の業《ごう》をはげみてまふすところの念仏をも自行《じぎょう》になすなり。このひとは名号の不思議をもまた信ぜざるなり。信ぜざれども、辺地《へんじ》・懈慢《けまん》・疑城《ぎじょう》胎宮《たいぐ》にも往生して、果遂《かすい》の願《がん》のゆへにつゐに報土に生ずるは、名号不思議のちからなり。これすなはち、誓願不思議のゆへなれば、たゞひとつなるべし。

文字一つ読めぬ無学な人がお念仏を称えているのに対して、「あなたは阿弥陀仏の誓願の不思議を信じてお念仏をしているのか、それとも〝南無阿弥陀仏〟と称える名号の不思議を信じてお念仏をしているのか？」と言っておどかし、そのくせその二つの不思議の詳細についてはなんら説明せずして、人々のこころを惑わしているとのことであるが、この点についてはしっかりと心をとめて、正しく理解しておかねばならない。

阿弥陀仏は、その誓願の不思議な力によって、われら凡夫におぼえやすく、また称えやすい〝南無阿弥陀仏〟の名号を考案してくださり、そしてこの名号を称えた者を極楽《ごくらく》浄土に迎えとってやろうと約束してくださったのである。だから、まずわたしたちは、阿弥陀仏の大いなる悲願（誓願）の不思議にたすけられて迷いと苦悩のこの生死の世界を脱却できるのだと信ずればよい。また、わたしたちがお念仏を称えさせていただけるのも、じつはと言えば阿弥陀如来がそうはからってくださったのであり、わたしたち自身の意志によるものではない。それ故、お念仏を称えることがそのまま阿弥陀仏の本願（誓願）にかなっているのであり、だからこそ真実のお浄土に往生できるのだ。ということは、誓願の不思議が基本であると信ずれば、名号の不思議もおのずからそこに備わっているのであり、誓願の不思議と名号の不思議が一体不二となっている。

また次に、自分自身のはからいを差しはさんで、善だ悪だと二つに区別し、善は往生のたすけになり悪は往生のさはりとなると思うのは、仏の誓願の不思議に頼らずに、ただ自分の考えでもって往生のための修行を励んでいるのだ。したがって、そういう考えで称える念仏は、自分の行になってしまう。こういう人は、名号の不思議だって信じていないのだ。とはいえ、そういう信じていない人であっても、やはりお浄土の片隅に往生させていただけるのであり、さらには自力の念仏者をも救いとってやろうという阿弥陀仏の〝果遂《かすい》の願〟のおかげをもって、最後には真実のお浄土に往生できるのである。これもまた名号の不思議な力である。そして、それというのも根本は誓願の不思議があるからであって、煎じ詰めれば二つの不思議は同じものである。

阿弥陀仏の〝誓願〟については、わたしはすでに本書の第三章において述べておいた。阿弥陀仏は――いや、正しく言えば阿弥陀仏の前身である法蔵比丘《ほうぞうびく》は、四十八の願を立てて修行をはじめられた。四十八の願の内容はさまざまであったが、その中心は、彼に救いを求める人々をもれなく救ってやろうということである。彼に救いを求める合い言葉は、〝南無阿弥陀仏〟である。そして、その〝南無阿弥陀仏〟の合い言葉を称えつつ、それで救われぬ人が一人でもいるなら、自分は仏にならない――と誓われたのである。それが〝誓願〟である。それは、阿弥陀仏が阿弥陀仏になる前に立てられた願であるから、〝本願〟とも呼ばれる（〝本〟は「因地《いんじ》」の意と、仏教辞典にある。法蔵比丘という困地に種が蒔かれ、その結果として阿弥陀仏が芽生えたのである。原因―結果の関係だと思えばよい）。また、その願の数が四十八あるので、〝四十八願〟とも言う。

さて、唯円房がここで言っているのは、わたしたちは阿弥陀仏の〝誓願〟を信じてお念仏を称えるのか、それとも「南無阿弥陀仏」と称える、その合い言葉のほうに不思議な力があると考えているのか？……といった問題である。

だが、ちょっと頭を働かしさえすれば、それが馬鹿げた問題であることがわかるはずだ。なぜなら、「南無阿弥陀仏」は合い言葉だ。合い言葉は、その前に約束があっての合い言葉である。たとえば、ギャングの集団で麻薬の取引に合い言葉を使用する。しかし、その合い言葉が役に立つのは、その前に親分どうしが約束してあるからだ。約束があっての合い言葉である。それと同じく、誓願があっての「南無阿弥陀仏」である。わかりきった問題である。

だが、そんなふうに言ってしまっては、われわれは大きな失敗をしたことになる。わたしはいま、わかりきった問題だと言ったが、果たして本当にそうか……？　わかりきっているというのは、わたしがある程度の仏教学の勉強をしてきたからである。読者だって、それ相応の勉強をしておられる。あるいは、わたしの本をここまで読んできてくださったから、それがわかりきった問題だと言えるのである。

けれども、なんの知識もない念仏者もおられるのだ。現代とちがって、時代は鎌倉時代である。小学校なんてなかった。庶民のほとんどが、文字も読めない状態である。そんな庶民がお念仏をしているのだ。

そして、そんな庶民に、おまえは阿弥陀仏の誓願を信じているのか、それとも「南無阿弥陀仏」の名号を信じているのか、と返答を迫る者がいる。これは由々しき問題である。唯円房ならずとも、わたしもそう思う。

どっちだって同じなんだよ……。唯円はそう言っている。わたしは、この言い方はすばらしいと思う。「南無阿弥陀仏」と称えるそのことばのうちに、阿弥陀仏の誓願が込められているというのだ。たしかにその通りである。だから、理屈なんていらない。わたしたちは安心して「南無阿弥陀仏」を称えつづけられるのである——。

なお、一つだけことばの解説をしておく。この段には、「実報土《じっぽうど》」と「辺地《へんじ》・懈慢《けまん》・疑《ぎ》城胎宮《じょうたいぐ》」といった術語が出てくる。「辺地・懈慢」と「疑城胎宮」は、いずれも自力の修行者が往生できる仮の浄土であり、浄土の辺境地である。これに対して真実の浄土が「実報土」である。譬喩的に言えば、お浄土といっても広いのであり、辺境の地は環境も悪い。地球で言えば、日本に生まれるのと南極大陸に生まれるくらいの差だと思えばよい。自力の修行者はいったんそんな辺境に生まれて、それからあとで真実のお浄土に往生できるとされている。それに対して、他力の念仏者は最初から真実のお浄土に往生できるのだ。それが自力と他力の根本的な差である。

学問も必要なし

『歎異抄』第十二段――。

一《ひとつ》。経釈《きょうしゃく》をよみ学《がく》せざるともがら、往生不定《おうじょうふじょう》のよしのこと。この条《じょう》すこぶる不足言《ふそくごん》の義《ぎ》といひつべし。他力真実《たりきしんじつ》のむねをあかせるもろ〳〵の正教《しょうぎょう》は、本願を信じ、念仏をまふさば仏《ぶつ》になる、そのほかなにの学問かは往生の要《よう》なるべきや。まことに、このことはりにまよへらんひとは、いかにも〳〵学問して本願のむねをしるべきなり。経釈をよみ学《がく》すといへども、聖教《しょうぎょう》の本意をこゝろえざる条《じょう》、もとも不便《ふびん》のことなり。一文不通《いちもんふつう》にして、経釈のゆくぢもしらざらんひとの、となへやすからんための名号のおはしますゆへに易行《いぎょう》といふ。学問をむねとするは聖《しょう》道門《どうもん》なり、難行《なんぎょう》となづく。あやまて学問して名聞《みょうもん》・利養《りよう》のおもひに住《じょう》するひと、順次《じゅんじ》の往生いかゞあらんずらんといふ証文《しょうもん》もさふらうべきや。当時専修《せんじゅ》念仏のひと、聖道門のひと、法論《ほうろん》をくはだて、、わが宗《しゆう》こそすぐれたれ、ひとの宗はおとりなりといふほどに、法敵《ほうてき》もいできたり、謗法《ほうぼう》もおこる。これしかしながら、みづからわが法を破謗《はぼう》するにあらずや。たとひ諸門《しよもん》こぞりて、念仏はかひなきひとのためなり、その宗あさしいやしといふとも、さらにあらそはずして、われらがごとく下根《げこん》の凡夫《ぼんぶ》、一文不通《いちもんふつう》のもの、、信ずればたすかるよし、うけたまはりて信じさふらへば、さらに上根《じようこん》のひとのためにはいやしくとも、われらがためには最上の法にてまします。たとひ自余《じよ》の教法《きようぼう》すぐれたりとも、みづからがためには器量およばざればつとめがたし。われもひとも生死《しようじ》をはなれんことこそ諸仏《しよぶつ》の御本意にておはしませば、御さまたげあるべからずとて、にくひ気《げ》せずば、たれのひとかありて、あだをなすべきや。かつは諍論《じようろん》のところにはもろ〳〵の煩悩おこる、智者遠離《ちしやおんり》すべきよしの証文さふらふにこそ。故聖人《こしようにん》のおほせには、この法をば信ずる衆生もあり、そしる衆生もあるべしと、仏ときおかせたまひたることなれば、われはすでに信じたてまつる。また、ひとありてそしるにて、仏説《ぶつせつ》まことなりけりと、しられさふらう。しかれば、往生はいよ〳〵一定とおもひたまふべきなり。あやまてそしるひとのさふらはざらんにこそ、いかに信ずるひとはあれども、そしるひとのなきやらんともおぼへさふらひぬべけれ。かくまふせばとて、かならずひとにそしられんとにはあらず。仏のかねて信謗《しんぼう》ともにあるべきむねをしろしめして、ひとのうたがひをあらせじと、ときおかせたまふことをまふすなり、とこそさふらひしか。いまの世には、学文《がくもん》してひとのそしりをやめ、ひとへに論義問答《ろんぎもんどう》むねとせんと、かまへられさふらうにや。学問せば、いよ〳〵如来の御本意をしり、悲願《ひがん》の広大《こうだい》のむねをも存知《ぞんじ》して、いやしからん身にて往生はいかゞなんど、あやぶまんひとにも、本願には善悪浄穢《ぜんまくじようえ》なきおもむきをも、とききかせられさふらはゞこそ、学生《がくしよう》のかひにてもさふらはめ。たま〳〵なにごゝろもなく本願に相応《そうおう》して念仏するひとをも、学文してこそなんどいひをどさるゝこと、法の魔障《ましよう》なり、仏《ぶつ》の怨敵《おんてき》なり。みづから他力の信心かくるのみならず、あやまて他をまよはさんとす。つゝしんでおそるべし、先師《せんし》の御《おん》こゝろにそむくことを。かねてあはれむべし、弥陀の本願にあらざることを。

経典・注釈書を読んで学問をしない人々は、お浄土に往生できるとはかぎらないと言われているようであるが、これはまったく論ずるに足らぬことである。他力の教えの真実を説いた諸経典類には、阿弥陀仏の本願を信じてお念仏すれば仏となることができるとある。それ以外に、いかなる学問が往生のために必要であろうか。こうした道理がわからず迷っている人は、まあ一所懸命に学問をやって本願の真意を知ろうとされればよい。しかしながら、そうして経典・注釈書を読んで学問をやりながら、なおかつお浄土の教えの根本義がわからないでいるのは、ほんとうに困ったことである。

〝南無阿弥陀仏〟の名号は、文字一つ知らず経典・注釈書の筋道さえわからぬ人であっても称えやすいようにと考え出されたものであり、だからこそ易行と言われるのだ。学問が必要なのは聖道門であって、それは難行と名づけられている。「誤って学問をして、名声や財物を得るに汲々としている人が、この次の世に往生できるかどうか怪しいものだ」と言われた親鸞聖人のたしかな文書もあるくらいなのだ。

昨今は、わが専修念仏の人が聖道門の人々を相手に論争をし、自分の宗派がすぐれており、相手の宗派は劣っていると言うものだから、法敵もでき、念仏に対する誹謗も起こるのである。しかしながらこれは、自分で自分の教えを謗《そし》っていることにならないか。たとえ他の宗派の人々が寄ってたかって、念仏は能力のない者のためのものだ、その教えは浅く卑《いや》しいと言おうとも、少しも反論せずに、「わたしたちのように能力の劣った凡夫、まったく文字も知らないような者でも、信ずればたすかると教わって信じているのです。たしかに能力のある優秀な人にとっては卑しくとも、わたしたちのためには最上の教えなのです。たとえこれ以外のすぐれた教えがあっても、わたしたちにとっては能力不足でそれを実践できません。わたしも他人も含めて、すべての人をこの生死の苦しみの世界から救ってやろうというのが諸仏の御本意なのですから、わたしたちが念仏の教えを信じているのを妨害しないでください」と、静かに言えば、それでも攻撃してくる人がいるだろうか。その上、「論争のあるところには、さまざまな煩悩が付随する。思慮ある人は、そうした論争から遠ざかるべし」と言われた証文だってあるのである。

故親鸞聖人の教えによると、「この念仏の教えを信ずる人もいれば、またこれを謗《そし》る人もいる」と、すでに仏が説き示してくださっており、しかもわたし（親鸞聖人）がこれを信じ、また他方にこれを謗る人がいるのだから、たしかに仏の教えの真実であったことが納得できるのだ、とある。だからこそ、往生はますますもって確実だと思うべきである。逆に謗る人がなかったならば、いかに信ずる人があっても、どうして誹る人がないのだろうかと、ちょっと不安になるのではなかろうか。もっとも、こう言ったからとて、どうしても人に誹られたいと言うのではない。そうではなくて、信ずる者もあれば誹る者もあると仏が前もって知らせてくださったのは、わたしたちが念仏の教えを疑わずにすむように配慮してくださったのだと言っているのである。

ところが、いまの世の人々は、学問によって他宗から念仏者に加えられる非難を排し、議論や問答を大いにやろうと身構えておられるのではなかろうか。学問をするのであれば、ますます阿弥陀如来の御本意を悟り、その如来の悲願の広大なことを理解し、自分のような卑しい人間には往生はおぼつかないのだと不安に思っている人々に対して、阿弥陀仏の本願には善・悪や浄・穢といった差別のないことを教えてあげてこそ、ほんとうの学者というものである。それなのに、たまたまはからいの心もなく、阿弥陀仏の本願にかなったお念仏をしている人に対してまでも、学問してこそ往生ができるだなどと言っておどす者がいるが、その人は教えを防げる悪魔、仏の怨敵である。自分自身の他力の信心が欠けているだけでなく、誤って他人を迷わすことになる。これは親鸞聖人のお気持ちにそむいていることだから、慎しみおそれねばならぬ。また同時に、それが阿弥陀仏の本願にはずれていることを、気の毒に思わねばならない。

第十二段は、前段にひきつづいて、お念仏と学問の関係を論じている。お念仏の原点は、ただ阿弥陀仏の救いを信じることにある。唯円は、その原点に立ち帰ることを主張しているのである。

善と悪の相対問題

つづいて『歎異抄』の第十三段――。

一《ひとつ》。弥陀《みだ》の本願《ほんがん》不思議《ふしぎ》におはしませばとて悪をおそれざるは、また本願ぼこりとて往生かなふべからずといふこと。この条《じょう》、本願をうたがふ、善悪の宿業《しゅくごう》をこゝろえざるなり。よきこゝろのおこるも宿善《しゅくぜん》のもよほすゆへなり、悪事《あしきこと》のおもはれせらるゝも、悪業《あくごう》のはからふゆへなり。故聖人《こしょうにん》のおほせには卯毛《うもう》・羊毛《ようもう》のさきにいるちりばかりも、つくるつみの宿業にあらずといふことなしとしるべしとさふらひき。またあるとき、唯円房《ゆいえんぼう》はわがいふことをば信ずるかと、おほせのさふらひしあひだ、さんさふらうとまふしさふらひしかば、さらばいはんことたがふまじきかと、かさねておほせのさふらひしあひだ、つゝしんで領状《りようじよう》まふしてさふらひしかば、たとへばひと千人ころしてんや、しからば往生は一定《いちじよう》すべしとおほせさふらひしとき、おほせにてはさふらへども、一人《いちにん》もこの身の器量にてはころしつべしともおぼへずさふらうとまふしてさふらひしかば、さてはいかに親鸞がいふことをたがふまじきとはいふぞと。これにてしるべし、なにごともこゝろにまかせたることならば、往生のために千人ころせといはんに、すなはちころすべし。しかれども一人にてもかなひぬべき業縁《ごうえん》なきによりて害《がい》せざるなり。わがこゝろのよくてころさぬにはあらず、また害せじとおもふとも百人・千人をころすこともあるべしとおほせのさふらひしかば、われらがこゝろのよきをばよしとおもひ、あしきことをばあしとおもひて、願の不思議にてたすけたまふということをしらざることをおほせのさふらひしなり。そのかみ邪見《じやけん》におちたるひとあて、悪をつくりたるものをたすけんといふ願にてましませばとて、わざとこのみて悪をつくりて往生の業とすべきよしをいひて、やう〳〵にあしざまなることのきこへさふらひしとき、御消息《ごしようそく》に、くすりあればとて毒をこのむべからずとあそばされてさふらふは、かの邪執《じやしゆう》をやめんがためなり。またく悪は往生のさはりたるべしとにはあらず。持戒《じかい》・持律《じりつ》にてのみ本願を信ずべくば、われらいかでか生死《しようじ》をはなるべきやと。か丶るあさましき身も、本願にあひたてまつりてこそ、げにほこられさふらへ。さればとて、身にそなへざらん悪業《あくごう》は、よもつくられさふらはじものを。またうみ・かわに、あみをひき、つりをして世をわたるものも、野やまにし丶をかり、とりをとりて、いのちをつぐともがらも、あきなゐをし、田畠《でんぱく》をつくりてすぐるひとも、たゞおなじことなりと。さるべき業縁《ごうえん》のもよほさば、いかなるふるまひもすべしとこそ、聖人はおほせさふらひしに、当時は後世者《ごせしや》ぶりして、よからんものばかり念仏まふすべきやうに、あるひは道場《どうじよう》にわりぶみをして、なむ〳〵のことしたらんものをば道場へいるべからずなんど丶いふこと、ひとへに賢善精進《けんぜんしようじん》の相《そう》をほかにしめして、うちには虚仮《こけ》をいだけるものか。願《がん》にほこりてつくらんつみも宿業のもよほすゆへなり。さればよきこともあしきことも業報《ごうほう》にさしまかせて、ひとへに本願をたのみまひらすればこそ、他力にてはさふらへ。『唯信抄《ゆいしんしよう》』にも、「弥陀いかばかりのちからましますとしりてか、罪業《ざいごう》のみなればすくはれがたしとおもふべき」とさふらうぞかし。本願にほこるこゝろのあらんにつけてこそ、他力をたのむ信心も決定《けつじょう》しぬべきことにてさふらへ。おほよそ、悪業煩悩《あくごうぼんのう》を断じつくしてのち本願を信ぜんのみぞ、願にほこるおもひもなくてよかるべきに、煩悩を断じなば、すなはち仏《ぶつ》になり、仏のためには五劫思惟《ごこうしゆい》の願、その詮《せん》なくやましまさん。本願ぼこりといましめらるゝひと〴〵も、煩悩不浄具足《ふじょうぐそく》せられてこそさふらうげなれ、それは願にほこらるゝにあらずや。いかなる悪を本願ぼこりといふ、いかなる悪かほこらぬにてさふらうべきぞや。かへりてこゝろをさなきことか。

阿弥陀仏の本願には不思議の力があるからといって、悪をおそれぬ者は、これはまた本願ぼこり（本願にあまえる・本願につけあがる）と言ってお浄土に往生できないという説があるようだが、この説は阿弥陀仏の本願を疑うものであり、善・悪の宿業を知らないものである。善き心が起きるのも、宿業がそうさせるからである。悪事をたくらみやってのけるのも、悪業がそうさせるからである。故親鸞聖人の言われたところでは、兎の毛・羊の毛の先端につく塵ほどの罪を犯しても、それは宿業によらぬものでないと考えるべきなのだ。

またあるとき、親鸞聖人が、「唯円房はわたしの言うことを信ずるか」と尋ねられましたので、「もちろんです」とお答えしたところ、「では、わたしの言うことにそむかないか」と重ねて問われましたので、慎しんで承諾しました。すると、「それでは、たとえば、千人を殺してくれないか、そうすればあなたの往生はまちがいないはずだ」と聖人が言われましたので、「お言葉ではございますが、わたしの器量では、とても一人だって殺せそうにございません」と申しあげたところ、「では、なぜ、親鸞の言うことにはそむかぬと言ったのだね」と詰問されました。「これでわかるだろう、すべてのことが自分の思う通りにいくものならば、往生のために千人殺せと命じられれば、すぐさま殺せるだろう。しかし、たった一人をさえ殺すだけの宿業が備わっていないから、殺害できないのだ。自分のこころが善で、それで殺さぬのではない。また、殺害しないでおこうと思っても、百人千人を殺してしまうことだってあるのだ」と言われたのは、われわれが自分のこころがよければ善、こころが悪いのを悪と思い込んでしまって、阿弥陀仏の誓願の不思議にたすけられているということを気づかずにいることを指摘されたものである。

昔のことであるが、誤った見解にとらわれた人があって、仏の誓願は悪をなした人をたすけてやろうというものであるから、わざと進んで悪をやって、往生のための行為とすべきだと主張した。その人のいろいろ悪い評判が親鸞聖人の耳に入ったとき、聖人はお手紙に、「薬あればとて毒を好むべからず」とお書きになったが、それはそうした誤った考えを正さんとしたものである。とはいえ、悪が往生の妨げになるというのではない。戒律を厳格に守ってこそ本願が信じられるというのであれば、わたしたちはどうしてこの生死の苦しみの世界から脱却できるであろうか。このようなあさましい身でも本願に出会うことができるからこそ、本願に甘えることができるわけだ。だからといって、自分の身に備わっていない悪業は、やれと言われてもやれるものではないだろう。

また親鸞聖人は、「海や川で魚を猟って生計をたてる者も、野山で鳥獣を狩って生きる者も、商人もまた農夫も、すべて同じことである。それぞれの宿業によって、どんな行為をするかわからぬ」と言われたのであるが、ところが今日では、品行方正なる念仏者を装って、立派な人間だけがお念仏を称えるかのように言い、あるいは念仏道場に貼り紙をして、「しかじかの悪事をなせる者は当道場には入室禁止」と言ったりすることは、外面は努力する善人を装いながら、内面はいつわりだらけではないか。阿弥陀仏の誓願に甘えて罪を犯すのも、結局は宿業によるものである。だからこそ、善悪はすべて宿業の結果だと割り切って、ただひたすらに本願にすがりつくのが真の他力ではなかろうか。『唯信抄《ゆいしんしょう》』（法然門下の聖覚《しょうかく》の著。法然上人の思想を要約している）にも、「罪業の深いこの身では救っていただけぬと思うのは、阿弥陀仏の力をどれほど過小評価していることになろうか」とある。本願に甘える気持ちがあるからこそ、他力を信ずるこころがしっかりと確立されるのである。

そもそも、悪業や煩悩《ぼんのう》をすべて断じつくしてから本願を信ずるのが本当だと言うのであれば、たしかに本願にあまえることはなくなるであろうが、しかし煩悩をすべて断じたら仏になるのであり、そして仏のためには阿弥陀仏の五劫にわたって思惟された願は不必要・無意味になってしまうだろう。本願に甘えてはならぬと他人をいましめておられる人々だって、きっと煩悩や汚れを身につけておられるはずなのだから、ご自身も本願に甘えていることにならないか。どんな悪を本願に甘えると言うのか、どんな悪が甘えないですむのか。本願に甘えるなと言うほうが、かえって未熟な考えではないだろうか。

この第十三段が内容的に第三段と関連していることは、すでに述べた通りである（一一四ページ参照）。おそらく『歎異抄』でいちばん有名な文句は、

善人なをもて往生をとぐ、いはんや悪人をや。

であろうが、その親鸞聖人のことばに対応して書かれたものが、この第十三段である。したがって、この段では「悪」の問題が論じられている。

「悪」の問題は、あらゆる宗教において、もっとも難解な問題である。キリスト教やユダヤ教、イスラム教のような一神教では、神の全能と悪の関係が問われる。なぜなら、神はこの宇宙の創造者である。全能の神がこの天地宇宙を創られたのであるが、それならどうして悪を創造されたのか……？

神は、創ろうと思えば悪のない世界を創ることができたはずなのに、なぜわざわざ意地わるく悪を創られたのであろうか……。

西洋の宗教については、いまは触れない。

仏教については、幸いにそんな問題はない。もっとも、「幸いに……」という表現は、

ほんとうに幸いなのかどうか、少しく疑問である。万能の神を認めて、その神が悪を創ったとしたほうが、「悪」の問題を扱いやすい。仏教では、そうした創造神を認めないから、かえって悪が独立してしまう。独立させると、扱いがなかなかやっかいとなる。すなわち、「悪人」という実体ができ、たとえば阿弥陀仏が「悪人」を救ってくださるとなれば、「悪人」でなければ救われないのかといった疑問が出てくる。それがこの段の問題である。キリスト教では、こういった問題は起きないだろう。神が人間を創り、その人間に「悪」をふき込まれたのであるから、人間はその「悪」と闘えばよい。わりと問題は楽なようである。

仏教ではどうするか？

いや、仏教では……というより、親鸞聖人は「悪」および「悪人」の問題をどう考えられたか。それについての解答は、この第十三段をもう一度読んでほしい。そして、やはりもう一度、第三段にかえって読んでほしい。ちょっと難解なようだが、そこにはっきりと親鸞聖人のお考えが出ているから、繰り返し読んでいただければわかるはずだ。

ただ、そう言って逃げたと思われるのも癪なので、わたしのことばで一言だけ付記しておく。

要するに、こだわらないことだ——。それがわたしの考え。

こだわるというのは、善と悪を差別することである。「差別」というのは仏教語で、仏教ではこれを「しゃべつ」と読む。別段、区別する必要のないものを区別するのが「差《しゃ》別《べつ》」である。

男と女がそうだ。区別する必要がないところで区別すれば、それが差別になる。そうなると、男尊女卑だ、男女同権だとこだわりができる。しかし、区別する必要があれば、はっきりと区別せねばならない。

善と悪がそうだ。善と悪を差別して、それにこだわる必要はない。宗教の世界では、そんな善—悪の差別、こだわりは不必要だとわかれば、それでよいのである。善と悪を区別しなければならない場所では——たとえば、法律の世界——それを区別すればよい。ただ、宗教の世界では、そんな差別は不要であり、そんな差別にこだわってはならないということだけを、しっかりと肝に銘記しておきたい。それがわたしの意見である。

念仏は滅罪の手段ではない

いささか饒舌をふるいすぎた。急いで『歎異抄』第十四段に進む——。

一《ひとつ》。一念《いちねん》に八十億劫《はちじゅうおくこう》の重罪《じゅうざい》を滅《めつ》すと信ずべしといふこと。この条《じょう》は、十悪《じゅうあく》・五逆《ごぎゃく》の罪人、日ごろ念仏をまふさずして、命終《みょうじゅう》のときはじめて善知識《ぜんぢしき》のをしへにて、一念まふせば八十億劫のつみを滅し、十念《じゅうねん》まふせば十八十億劫の重罪を滅して往生すといへり。これは十悪・五逆の軽重《きょうじゅう》をしらせんがために、一念・十念《じゅうねん》といへるが滅罪の利益なり。いまだわれらが信ずるところにおよばず。そのゆへは、弥陀の光明《こうみょう》にてらされまひらするゆへに、一念発起《ほっき》するとき金剛《こんごう》の信心をたまはりぬれば、すでに定聚《じょうじゅ》のくらゐ《い》におさめしめたまひて、命終《みょうじゅう》すればもろ〳〵の煩悩悪障《あくしょう》を転じて、無生忍《むしょうにん》をさとらしめたまふなり。この悲願ましまさずば、かゝるあさましき罪人、いかでか生死《しょうじ》を解脱《げだつ》すべきとおもひて、一生のあひだまふすところの念仏は、みなこと〴〵く如来大悲《にょらいだいひ》の恩を報じ徳を謝《しゃ》すとおもふべきなり。念仏まふさんごとに、つみをほろぼさんと信ぜんは、すでにわれとつみをけして往生せんとはげむにてこそさふらうなれ。もししからば、一生のあひだおもひとおもふこと、みな生死のきづなにあらざることなければ、いのちつきんまで念仏退転《たいてん》せずして往生すべし。たゞし業報《ごうほう》かぎりあることなれば、いかなる不思議のことにもあひ、また病悩苦痛《びょうのうくつう》をせめて、正念《しょうねん》に住《じゅう》せずしてをはらん、念仏まふすことかたし。そのあひだのつみをばいかゞして滅すべきや。つみきえざれば往生はかなふべからざるか。摂取不捨《せつしゆふしや》の願《がん》をたのみたてまつらば、いかなる不思議ありて罪業《ざいごう》をおかし念仏まふさずしてをはるとも、すみやかに往生をとぐべし。また念仏のまふされんも、たゞいまさとりをひらかんずる期《ご》のちかづくにしたがひても、いよ〳〵弥陀をたのみ、御恩《ごおん》を報じたてまつるにてこそさふらはめ。つみを滅せんとおもはんは自力のこゝろにして、臨終正念《りんじゆうしようねん》といのるひとの本意なれば、他力の信心なきにてさふらうなり。

一度のお念仏で、八十億劫という厖大な期間にわたって積み重ねてきた重罪も消えると信じろということ。この主張は、十悪（殺生《ころし》・偸盗《ぬすみ》・邪淫《みだら》・妄語《うそ》・綺語《へつらい》・悪口《わるくち》・両舌《にまいじた》・貪欲《むさぼり》・瞋恚《いかり》・邪見《よこしま》の十種の悪業）や五逆（殺父・殺母・殺阿羅漢・破和合僧・出仏身血の五つの逆罪）の罪を犯した人間でも、しかもそれまで一度もお念仏をしたことがない人であっても、臨終にあたって立派な師の教えを受けて一声念仏を称えれば八十億劫の罪を消し、十声お念仏をすればその十倍の重罪を消してお浄土に往生できると言ったものである。これは、十悪や五逆の罪がいかに重いかを教えようとして、一度のお念仏、十度のお念仏と言ったのであろう。お念仏に罪を消すはたらきがあるというのであろうが、われわれはこんなことを信じる必要はない。

と言うのは、われわれの信じるところは、阿弥陀仏の光明に照らされることによってお念仏を称えようと思うこころが起きるのであって、しかもその瞬間に絶対に不退転な信心をいただき、そのときすでに仏になることが約束されているということである。この世での命が尽きれば、さまざまな煩悩や往生の妨げとなるものも転じてしまって、わたしたちは真実の世界に帰入させていただけるのだ。そのような阿弥陀仏の慈悲の誓願がなかったならば、わたしたちのようなあさましい罪人が、どうしてこの生死の苦しみの世界から脱却できようか。そう考えて、わたしたちが一生のあいだ称えるお念仏は、すべて阿弥陀如来の大慈悲の恩に報い、その徳に感謝するためのものだと思うべきである。

ところが、念仏のたびに罪を消すことができると信じているのは、じつは自分で自分の罪を消して、その上で往生しようと努力していることである。もしそうだとすれば、人間の一生のうちにあれこれ思うことは、すべてがわれわれをこの生死の苦しみの世界に結びつけるものであるから、臨終の瞬間まで怠ることなくお念仏をつづけて、その上で往生ということになる。しかしながら、人にはそれぞれの宿業があって、どんな不慮の出来事にあうかわからぬし、また病いに苦しみ悩んで正気を失ったまま臨終を迎えることもあり、そのときはお念仏ができないであろう。では、その期間の罪は、どうして消すことができようか？　罪が消えなければ、往生はできないのか。そうではなくて、われわれは、すべての衆生を救いとりたいという阿弥陀仏の誓願にたよるからこそ、どのような不慮の罪業をつくり、しかも臨終にお念仏ができなくても、すぐさまお浄土に往生させていただけるのである。また、最期までお念仏が称えられるにしても、臨終はわたしたちがお浄土に往って悟りを開く瞬間に近づいたわけであるから、なお一層阿弥陀仏を信じ、その御恩に報いるのでなければならぬ。罪を消すというのは自分の考え方であり、その考え方は臨終に称えるお念仏に最上の価値を見出す考え方につながるものであって、他力の信心ではないのである。

滅罪のためのお念仏――そんな考え方は、阿弥陀仏の誓願に悖《もと》る。そのように唯円房は語っているのである。お念仏は、報恩・感謝のお念仏である。わたしたちは、お念仏を称えようと思った瞬間に救われているのであるから、なにもお念仏を称える必要はない。必要がないからこそ、わたしたちはお念仏を称えるのだし、称えることができるのだ。どうにも表現が逆説的になってしまう。しかし、奇を好んで、こんなパラドクシカルな表現をしているわけではない。お念仏を称える必要があれば、それはもうお念仏ではないのだ。ぎりぎりを言えば、そうなってしまう。

「南無阿弥陀仏、なむあみだぶつ」

ほんとうに自然に出てくるものが、お念仏である。

この世で仏になれぬ

お念仏を称えようと思った瞬間、われわれはすでに救われている――と述べた。そして、その瞬間からはじまるお念仏は、すべて報恩・感謝のお念仏である。そこまではいい。では、その瞬間に、その人は仏となったのか……。それとも、やはり凡夫なのか?

『歎異抄』第十五段は、その疑問に応えている。

一《ひとつ》。煩悩具足《ぼんのうぐそく》の身をもて、すでにさとりをひらくといふこと。この条《じょう》、もてのほかのことにさふらう。即身成仏《そくしんじょうぶつ》は真言秘教《しんごんひきょう》の本意、三密行業《さんみつぎょうごう》の証果《しょうか》なり。六《ろっ》根清浄《こんしょうじょう》はまた法華一乗《ほっけいちじょう》の所説、四安楽《しあんらく》の行《ぎょう》の感徳《かんとく》なり。これみな難行上根《なんぎょうじょうこん》のつとめ、観念成就《かんねんじょうじゅ》のさとりなり。来生《らいしょう》の開覚《かいかく》は、他力浄土の宗旨《しゅうし》、信心決定《しんじんけつじょう》の道なるがゆへなり。これまた易行下根《いぎょうげこん》のつとめ、不簡善悪《ふけんぜんまく》の法なり。おほよそ、今生《こんじょう》においては煩悩悪障《あくしょう》を断ぜんこと、きはめてありがたきあひだ、真言《しんごん》・法花《ほっけ》を行ずる浄侶《じょうりょ》、なをもて順次生《じゅんじしょう》のさとりをいのる。いかにいはんや、戒行《かいぎょう》・恵解《えげ》ともになしといへども、弥陀の願船《がんせん》に乗じて生死の苦海《くかい》をわたり、報土《ほうど》のきしにつきぬるものならば、煩悩の黒雲《こくうん》はやくはれ、法性《ほっしょう》の覚月《かくげつ》すみやかにあらはれて、尽十方《じんじっぽう》の無碍《むげ》の光明に一味《いちみ》にして、一切の衆《しゅ》を利益《りやく》せんときにこそ、さとりにてはさふらへ。この身をもてさとりをひらくとさふらうなるひとは、釈尊《しゃくそん》のごとく種々《しゅじゅ》の応化《おうげ》の身をも現《げん》じ、三十二相、八十随形好《ずいぎょうこう》をも具足して、説法利益さふらうにや。これをこそ、今生《こんじょう》にさとりをひらく本とはまふしさふらへ。『和《わ》讃《さん》』にいはく、「金剛堅固《こんごうけんご》の信心の、さだまるときをまちえてぞ、弥陀の心光《しんこう》摂《しょう》護《ご》して、ながく生死をへだてける」とはさふらうは、信心のさだまるときに、ひとたび摂取してすてたまはざれば、六道《ろくどう》に輪廻《りんね》すべからず。しかれば、ながく生《しょう》死《じ》をばへだてさふらうぞかし。かくのごとくしるを、さとるとはいひまぎらかすべきや、あはれにさふらうをや。浄土真宗には、今生に本願を信じて、かの土《ど》にしてさとりをばひらくとならひさふらうぞとこそ、故聖人のおほせにはさふらひしか。

さまざまな煩悩をもったこの身のままで、すでに悟りを開いているのだということ、このような主張はとんでもないことである。この身のままで仏となれるというのは真言密教の考え方で、手に印を結び、口に真言を誦《じゅ》し、意《こころ》に仏を観念する修行の結果、仏となれるのだ。また、こころとからだを清浄にたもてると説くのは『法華経』による一乗教の所説であって、四安楽の行（身《からだ》の善行、口《ことば》の善行、意《こころ》の善行と慈悲の実践）によって得られる功徳である。これらはすべて能力のすぐれた人がやれる難行で、精神集中によって達成できる悟りである。しかし、他力浄土の教えは、来世で悟りを開くものであって、この世にあっては信心を第一とするものである。これは能力の劣った人でもやれる易行であり、善人・悪人を差別しない教えである。

そもそもこの世において煩悩や罪悪を断ち切ることは極めて困難であるから、真言や法華の行者、聖僧でさえも、来世における悟りを念願しているのである。ましてやわれわれは、戒律もたず智慧もない身である。しかしながら、戒律・智慧ともに欠けてはいても、阿弥陀仏の誓願という大船に乗せていただいてこの生死の苦海を渡り、お浄土の彼岸に着くことができるのであって、そうしてお浄土に着けば、たちまちに煩悩の黒雲がなくなり、真理の悟りの月が出現して、十方の隅々までを照らす阿弥陀仏の智慧の光明と一体となることができる。その結果、わたしたちは迷える衆生にその光明を分け与えようとするのであるが、それがつまりは悟りなのだ。この身のままで悟りが開けると考える人は、釈尊のように世の人々の願望に応じて種々の姿かたちをとってこの世に出現し三十二相《そう》・八十種好《しゅごう》（仏がもっている身体的特徴。三十二相は大きな特徴、八十種好は小さな付随的特徴。相と種好を合わせて〝相好《そうごう》〟と言う）をその身体に兼ね備え、教えを説いて人々に恵みを与えることができるというのだろうか。これができてこそ、この世で悟りを開く本意があると言えるのだ。

親鸞聖人の『和讃』（『浄土高僧和讃』）に、「金剛《こんごう》のごとき堅固なる信心が確定するときを待って、阿弥陀仏の大慈悲心の光がわれらをもれなくつつみ護り、永遠に生死の迷いの世界からへだてられる」とあるように、信心が確定すれば阿弥陀仏の救いにあずかって、二度と捨てられることがないから、もはや六道（迷いの世界）に輪廻することはない。それ故、永遠に生死の世界から遠離できるのだ。このように理解すべきことなのに、どうしてそれを悟りと呼んでわざと混乱させるのか。なんとも気の毒なことである。「浄土真宗においては、この世にあってはひたすらに本願を信じ、お浄土に着いてから悟りを開くのだと教わっています」と、これが故親鸞聖人のおことばであったはずだ。

お念仏の教えは、つまりは彼岸の教えである。われわれは、この世においてはあくまでも凡夫である。この世で仏になることなど、どうあってもできることではないのだ。唯円房はそう断言してくれる。

では、この世における念仏者の生き方は……？　念仏者は凡夫として生きることになるのだが、その生き方の理想はなにか？　われわれはそんなことを考えてみたくなる。そんな疑問をもちながら、次に『歎異抄』第十六段を読んでみよう。

「自然」の生き方

一《ひとつ》。信心の行者《ぎょうじゃ》、自然《じねん》にはらをもたて、あしざまなることをもおかし、同朋同《どうぼうどう》侶《りょ》にもあひて口論をもしては、かならず廻心《えしん》すべしといふこと。この条、断悪修善《だんなくしゅぜん》のこゝちか。一向専修《いっこうせんじゅ》のひとにおいては、廻心といふこと、たゞひとたびあるべし。その廻心は、日ごろ本願他力真宗《ほんがんたりきしんしゅう》をしらざるひと、弥陀の智慧《ちえ》をたまはりて、日ごろのこゝろにては往生かなふべからずとおもひて、もとのこゝろをひきかへて、本願をたのみまひらするをこそ、廻心とはまふしさふらへ。一切の事《じ》に、あしたゆふべに廻心して、往生をとげさふらうべくば、ひとのいのちは、いづるいきいるほどをまたずしてをはることなれば、廻心もせず柔和《にゅうわ》・忍辱《にんにく》のおもひにも住せざらんさきに、いのちつきば、摂取不捨の誓願はむなしくならせおはしますべきにや。くちには願力をたのみたてまつるといひて、こゝろにはさこそ悪人をたすけんといふ願《がん》、不思議にましますといふとも、さすがよからんものをこそ、たすけたまはんずれとおもふほどに、願力《がんりき》をうたがひ、他力をたのみまひらすこゝろかけて、辺地《へんじ》の生《しょう》をうけんこと、もともなげきおもひたまふべきことなり。信心さだまりなば、往生は弥陀にはからはれまひらせてすることなれば、わがはからひなるべからず。わろからんにつけてもいよ〳〵願力をあをぎまひらせば、自然のことはりにて柔和・忍辱のこゝろもいでくべし。すべてよろづのことにつけて、往生にはかしこきおもひを具《ぐ》せずして、たゞほれ〴〵と弥陀の御恩の深重《じんじゅう》なること、つねはおもひだしまひらすべし。しかれば、念仏もまふされさふらう。これ自然なり。わがはからはざるを、自然とまふすなり。これすなはち、他力にてまします。しかるを、自然といふことの、別にあるやうに、われものしりがほにいふひとのさふらうよし、うけたまはる。あさましくさふらう。

本願を信じて念仏する人も、つい思わず腹を立て、悪いことをしたり、あるいは仲間どうしで口論になったりするが、そういうときは必ず廻心せねばならぬということ。このような主張は、悪を断ち善の修行をやれという気持ちからなされるものであろうか。

ただひたすらにお念仏の道を歩む者にとっては、廻心は一度きりしかない。その一度の廻心とは、常日頃、本願他力という真実の教えを知らなかった人、阿弥陀仏の智慧をいただいて、これまでのようなこころでは往生できないと思って、いままでのこころをきっぱりと入れかえて本願を信じるに至るのが廻心なのだ。日常の万事につけ、朝夕廻心して往生がとげられるというのであれば、人間の寿命《いのち》は吐く息、吸う息のあいだにも終わるかもしれないのであって、廻心もせず、柔和なこころ、じっと堪《た》え忍ぶこころができない先に寿命が尽きれば、その人に対しては阿弥陀仏のあらゆる衆生を救いとりたいという誓願が空しくなってしまわないか。口では阿弥陀仏の誓願の力におすがりするのだと言い、こころの中でも悪人を救いとりたいという誓願の不思議さを思っているにしても、にもかかわらず、やはり善人からたすけられるのでなかろうかという思いがつきまとうものだから、結果的には誓願の力を疑い、他力を信じるこころが欠けることになり、そのためお浄土の辺境にしか往生できぬことになる。これほど残念なことはない。

わたしたちの信心さえ確立すれば、あとの往生は阿弥陀仏がはからってくださることであって、なにもわたしたちがあれこれはからわねばならぬことではない。自己の行ないが悪いにしても、そのときはますます仏の願力をいただくようにすれば、おのずから柔和なこころ、堪え忍ぶこころができてくる。往生のためには賢《さか》しらぶった考えは必要でなく、なにごとにつけても、ただほれぼれと阿弥陀仏の御思の深重なることを常に思い出すようにすべきである。そうすれば、お念仏が称えられる。これが自然の姿である。自分のはからいのないのが自然である。そして、それが他力なのだ。

それなのに、物知り顔をして「自然」というものが別にあるように言われる人があるそうだが、どうも歎かわしいことである。

念仏者の生き方は「自然《じねん》」の二字に尽きる——。そう唯円は言っているのだ。わたしたち人間は迷いの世界に生存しているのだから、迷わざるを得ない。迷うからこそ人間であり、したがって迷いが人間の「自然」である。なにも肩肘はって生きることはない。ただ自然に、すべてを阿弥陀仏におまかせすればよいのだ。

仏の大小

ついで、『歎異抄』の第十七段——。

一《ひとつ》。辺地往生《へんじおうじよう》をとぐるひと、つゐには地獄におつべしといふこと。この条、なにの証文《しようもん》にみへさふらうぞや。学生《がくしよう》だつるひとのなかに、いひいださるゝことにてさふらうなるこそ、あさましくさふらへ。経論正教《きようろんしようぎよう》をばいかやうにみなされてさふらうらん。信心かけたる行者《ぎようじや》は、本願をうたがふによりて、辺地《へんじ》に生じてうけたまはりさふらう、報土《ほうど》のさとりをひらくとこそ、うけたまはりさふらへ。信心の行者すくなきゆへに、化土《けど》におほくすゝめいれられさふらうを、つゐにむなしくなるべしとさふらうなるこそ、如来に虚妄《こもう》をまふしつけまひらせられさふらうなれ。

極楽浄土の中央ではなく辺境の地に往生した人は、最後には地獄に堕ちるという説があるが、これにはいかなる証拠の文献があるのだろうか。学者ぶっている連中のあいだで言い出された説らしいが、どうにも歎かわしいことである。経典・論書の聖教を、どのように見ておられるのであろうか。

信心のない念仏者は、阿弥陀仏の本願を疑うから、お浄土の辺境に生まれることになり、そこで疑いの罪をつぐなってから真実の浄土で悟りを開くのだと教えを受けている。信心をもってお念仏を称える人が少ないので、不信心な者でも化土（一時的な仮のお浄土。すなわちお浄土の辺境）に迎えとってやろうというのが阿弥陀仏の真意なのに、化土に生まれても、とどのつまりは無意味だというのであれば、阿弥陀如来をペテン師呼ばわりすることになるではないか。

前にわたしは「真実報土」と「辺地（辺地《へんじ》・懈慢《けまん》・疑城胎宮《ぎじょうたいぐ》。あるいはこれを〝化土〟〝方便化土〟と呼んでもよい。仮のお浄土である）」を説明すべく、その差は日本と南極大陸のようなものだと言った。阿弥陀仏の極楽浄土を地球と比較するのはどうかと思うが、ともかくお浄土は広いのだ。その中央は気候温暖で、強い風雨もない土地である。だから、いわゆる〝極楽〟なのだ。それが「実報土」「真実報土」である。「報土」とは、わたしたちのこの世での信仰が報いられる土地の意である。

お布施の多寡

最後に、『歎異抄』第十八段を読もう。

一《ひとつ》。仏法《ぶつぽう》のかたに、施入物《せにゅうもつ》の多少にしたが〔ひ〕て、大小仏《だいしょうぶつ》になるべしといふこと。この条、不可説なり《ふかせつなり》々々、比興《ひきょう》のことなり。まず仏に大小の分量をさだめんこと、あるべからずさふらうか。かの安養浄土《あんにょうじょうど》の教主《きょうしゅ》の御身量《ごしんりょう》をとかれてさふらうも、それは方便報身《ほうべんほうじん》のかたちなり。法性《ほっしょう》のさとりをひらひて、長《ちょう》・短《たん》・方《ほう》・円《えん》のかたちにもあらず、青《しょう》・黄《おう》・赤《しゃく》・白《びゃく》・黒《こく》のいろをもはなれなばなにをもてか大小をさだむべきや。念仏まふすに、化仏《けぶつ》をみたてまつるといふことのさふらうなるこそ、大念《だいねん》には大仏をみ、小念《しようねん》には小仏をみるといへるか。もしこのことはりなんどにばし、ひきかけられさふらうやらん。かつはまた檀波羅蜜《だんはらみつ》の行《ぎよう》ともいひつべし。いかにたからものを仏前にもなげ、師匠にもほどこすとも、信心かけなばその詮《せん》なし。一紙半銭《いつしはんせん》も仏法のかたにいれずとも、他力にこゝろをなげて、信心ふかくば、それこそ願の本意にてさふらはめ。すべて仏法にことをよせて、世間の欲心《よくしん》もあるゆへに、同朋《どうぼう》をいひをどさるゝにや。

お寺へのお布施の多少によって、大きな仏ともなり小さな仏ともなるのだということ、それはまったく言語道断の説である。まさに噴飯《ふんぱん》ものである。

まず第一に、仏の大きさを云々することがおかしい。なるほど、かの極楽浄土にましますす阿弥陀仏のご身体の大きさが説かれているけれども、それは衆生を救うための方便として仮に姿を示されたそのおからだについて言っているのである。真理の悟りを開いたなら、長い短い、四角だ丸いといった形を超越し、青・黄・赤・白・黒といった色も離れるのだから、なにを基準に大小を定めることができようか。一所懸命念仏を行ずれば、行者に仏のお姿が見えるといった説があるようだが、そのとき大声の念仏には大きな仏が、小声の念仏には小さな仏の姿があらわれるとでもいうのであろうか。そんな俗説にかこつけての主張のように思われる。

もう一つの考え方は、聖道門で言う布施《ふせ》行に相当しようか。だが、どれだけ多くの財宝を仏前に寄進し、また師匠に布施したところで、信心が欠けていれば無意味である。紙一枚銭《ぜに》半銭をお寺に寄進しなくとも、ひとえに他力をたのみ、信心が深ければ、それこそが阿弥陀仏の誓願の本意にかなうものである。どうやらこれは、うまく仏教にかこつけて、自分の世間的な欲望を満足させるべく、お念仏の仲間たちを言いおどかそうとするものではなかろうか。

この最後の段は、どうやらお坊さんに対する批判であるらしい。お布施の多少によって信者を差別する。そうしたことは、現代にだって見られそうだ。なんだか『歎異抄』の唯円が、二十一世紀の今日のことを語っていそうな気がする。とすれば、わたしたちも唯円とともに「異を歎か」ねばならぬようだ。非常に気が重い。

第10章

なぜ「歎異」なのか

『歎異抄』の結びの文

前章でもって、『歎異抄』の本文は終わっている。『歎異抄』は、しかしながらそのあとに相当に長い「結文」をつけている。

そこで、その結文を読むこととしよう。

右条々《みぎじようじよう》は、みなもて信心のことなるより、ことおこりさふらうか。故聖人《こしようにん》の御ものがたりに、法然聖人の御とき、御弟子《おんでし》そのかずおはしけるなかに、おなじく御信心《ごしんじん》のひともすくなくおはしけるにこそ、親鸞御同朋《しんらんおんどうぼう》の御なかにして御相論《ごそうろん》のことさふらひけり。そのゆへは、善信《ぜんしん》が信心も聖人の御信心もひとつなり、とおほせのさふらひければ、勢観房《せいかんぼう》・念仏房《ねんぶつぼう》なんどまふす御同朋達、もてのほかにあらそひたまひて、いかでか聖人の御信心に善信房の信心ひとつにはあるべきぞ、とさふらひければ、聖人の御智慧才覚《おんちえさいかく》ひろくおはしますに一《ひとつ》ならんとまふさばこそひがごとならめ、往生の信心においては、またくことなることなし、たゞひとつなりと御返答ありけれども、なをいかでかその義あらんといふ疑難《ぎなん》ありければ、詮《せん》ずるところ、聖人の御まへにて、自他の是非をさだむべきにて、この子細《しさい》をまふしあげければ、法然聖人のおほせには、源空《げんくう》が信心も如来よりたまはりたる信心なり、善信房の信心も如来よりたまはらせたまひたる信心なり、さればたゞひとつなり、別の信心にておはしまさんひとは、源空がまひらんずる浄土へは、よもまひらせたまひさふらはじと、おほせさふらひしかば、当時の一向専修《いっこうせんじゅ》のひと〴〵のなかにも、親鸞の御信心にひとつならぬ御こともさふらうらんとおぼへさふらふ。いづれも〳〵くりごとにてさふらへどもかきつけさふらうなり。露命《ろめい》わづかに枯草《こそう》の身にかゝりてさふらうほどにこそ、あひともなはしめたまふひと〴〵、御不審をもうけたまはり、聖人のおほせさふらひしおもむきをも、まふしきかせまひらせさふらへども閉眼《へいがん》ののちは、さこそしどけなきことどもにてさふらはんずらめと、なげき存じさふらひて、かくのごとくの義《ぎ》どもおほせられあひさふらうひと〴〵にも、いひまよはされなんどせらるゝことのさふらはんときは、故聖人の御こゝろにあひかなひて御《ご》もちゐさふらう御聖教《おんしょうぎょう》どもを、よく〳〵御らんさふらうべし。おほよそ聖教《しょうぎょう》には、真実・権仮《ごんけ》ともにあひまじはりさふらうなり。権《ごん》をすてゝ実《じつ》をとり、仮《け》をさしおきて真をもちゐるこそ、聖人の御本意にてさふらへ。かまへて〳〵、聖教《しょうぎょう》をみ、みだらせたまふまじくさふらう。大切の証文《しょうもん》ども、少々ぬきいでまひらせさふらうて、目やすにして、この書にそえまひらせてさふらうなり。聖人のつねのおほせには、弥陀の五劫思惟《ごこうしゆい》の願《がん》をよく〳〵案ずれば、ひとへに親鸞一人《いちにん》がためなりけり。さればそれほどの業《ごう》をもちける身にてありけるを、たすけんとおぼしめしたちける本願のかたじけなさよ、と御述懐《ごじゅっかい》さふらひしことを、いままた案ずるに、善導《ぜんどう》の「自身はこれ現《げん》に罪悪《ざいあく》生死《しょうじ》の凡夫《ぼんぶ》、曠劫《こうごう》よりこのかたつねにしづみつねに流転《るてん》して、出離《しゅつり》の縁あることなき身としれ」といふ金言《きんげん》に、すこしもたがはせおはしまさず。さればかたじけなく、わが御身《おんみ》にひきかけて、われらが身の罪悪のふかきほどをもしらず、如来の御恩のたかきことをもしらずしてまよへるを、おもひしらせんがためにてさふらひけり。まことに如来の御恩といふことをば、さたなくして、われもひとも、よしあしといふことをのみまふしあへり。聖人のおほせには、善悪《ぜんまく》のふたつ惣《そう》じてもて存知《ぞんじ》せざるなり。そのゆへは、如来の御こゝろによしとおぼしめすほどにしりとをしたらばこそ、よきをしりたるにてもあらめ、如来のあしとおぼしめすほどにしりとをしたらばこそ、あしさをしりたるにてもあらめど、煩悩具足《ぼんのうぐそく》の凡夫《ぼんぶ》、火宅無常《かたくむじょう》の世界は、よろづのことみなもてそらごとたわごと、まことあることなきに、たゞ念仏のみぞまことにておはしますとこそ、おほせはさふらひしか。まことに、われもひとも、そらごとをのみまふしあひさふらふなかに、ひとついたましきことのさふらうなり。そのゆへは、念仏まふすについて、信心のおもむきをもたがひに問答し、ひとにもいひきかするとき、ひとのくちをふさぎ、相論《そうろん》をたゝ〔かひかた〕んがために、またくおほせにてなきことをもおほせとのみまふすこと、あさましくなげき存じさふらうなり。このむねをよく〳〵おもひときこゝろえらるべきことにさふらう。これさらにわたくしのことばにあらずといへども、経釈《きょうしゃく》のゆくぢもしらず、法文《ほうもん》の浅深《せんじん》をこゝろえわけたることもさふらはねば、さだめておかしきことにてこそさふらはめども、古親鸞のおほせごとさふらひしおもむき、百分が一《ひとつ》、かたはしばかりをもおもひいでまひらせて、かきつけさふらうなり。かなしきかなや、さひはひに念仏しながら、直《ただち》に報土《ほうど》にむまれずして辺地《へんじ》にやどをとらんこと、一室《いっしつ》の行者のなかに信心ことなることなからんために、なく〳〵ふでをそめてこれをしるす。なづけて『歎異抄』といふべし。外見《げけん》あるべからず。

これまで述べた問題は、すべて信心のちがいから起きたことであろう。故親鸞聖人が話されたところによると、いまだ法然上人が御在世のとき、上人には多くの弟子がおられたが、その中に親鸞聖人と同じ信心をもった人が少なかったためであろう、親鸞聖人と仲間のお弟子のあいだで論争があったそうだ。なぜ論争になったかと言えば、「善信（親鸞）の信心も法然上人のご信心も、そこになんの差もない」と親鸞聖人が言われたのを、勢観房・念仏房などといった仲間のお弟子がもってのほかと聞きとがめ、「どうして法然上人のご信心と善信房の信心が同じものだと言えようか」と言い争いになった。そこで親鸞聖人は、「たしかに法然上人のお智慧や学問のひろさは抜群で、それにわたしが同じだと言うのであればけしからぬことであろうが、往生を信ずる心だけはまったく同じで、そこになんの差もない」と返答されたのだが、それでもなお「そんなことはあり得ぬ」と非難囂々《ごうごう》であったので、では法然上人の御前でどちらが正しいかを決定することにしようと、上人にこのありさまを申しあげた。そのとき、法然上人が言われたのは、「源空（法然）の信心だって如来よりいただいたもの、善信房（親鸞）の信心だって如来よりいただいた信心である。だから同じである。この源空の信心とちがった信心をおもちの人は、どうやらわたしの往くお浄土に往けそうにないですね」ということばであった。どうやら最近の念仏者のうちにも、親鸞聖人のご信心とはちがった信心をおもちの方がおられるように思われる。

ここに記したのは、いずれも愚痴の繰り言であるが、書きつけてみた。枯草に結ぶ露の命の身であるので、これまでともにお念仏を称えてきた同行の方々のご不審をうかがって、親鸞聖人が教えてこられたことの趣旨をお聞かせしてきたのだが、わたしが閉眼ののちは、きっとあれこれの説が入り乱れるにちがいないと、歎かわしくなって書いたのだ。こうした誤った説を言い触らしている人々に、言い迷わされるようなことがあったときは、故聖人が気に入って用いておられた聖教などをよくよくご覧になるとよい。だいたいにおいて聖教には、真実と権仮《ごんけ》（真実に導くための仮の方便）がまじっている。そのうち、権を捨てて実をとり、仮をとりのけて真を用いるのが、親鸞聖人のご本意なのである。どんなことがあろうと、聖教を見誤らぬようにしていただきたい。そのため、大事な証拠の文書類を少々抜き出して、目安のためにこの書に添えておいた。

親鸞聖人が常日頃言われていたのは、「阿弥陀仏が五劫という長い時間をかけて思惟せられた誓願をよくよく考えてみれば、それはただ親鸞一人のためのものであった。だから、数多い業をもった身でありながら、それでもたすけてやろうと言っていただける阿弥陀仏の本願が、かたじけなくてならないのだ」と述懐されたのだが、いままた考えてみると、善導大師の「自分はいまなお罪悪を犯し、生死の苦しみのうちにある凡夫であって、永劫の昔から繰り返し繰り返し流転輪廻し、そこから脱却できぬ身であると知れ」といった金言と、聖人のことばがぴったり一致しているのである。だから、かたじけないことに聖人はご自分の身にかこつけて、わたしたちが自分自身の罪の深いことを知らず、如来のご恩の高いことを知らずに迷っているのを、教えてやろうとされたのである。ほんとうに如来のご恩をそっちのけにして、わたしもひとも、善悪といったことばかり言い合っている。親鸞聖人の仰せには、「善悪の二つについて、自分はなにも知らぬ。なぜなら、如来の御心に善しと思われるところまで知りぬいてこそ、善を知ったと言えるのだ。如来が悪と思われるところまで徹底して知ったとき、悪を知ったと言えるのである。けれども、わたしたちは煩悩にまみれた凡夫であり、この世界は無常の火宅であって、すべてが嘘いつわり、真実はなに一つない。その中で、ただお念仏だけが真実である」と言われたのであった。まことに、われもひとも皆が嘘いつわりばかり言い合っている中に、とりわけ歎かわしいことがある。それはなにかと言えば、お念仏を申すについて、また信心のあり方を互いに論じ合い、ひとに説き聞かせたりするときに、相手の口をふさぎ、論争に勝とうとするあまり、親鸞聖人が言われなかったことを、聖人のことばと言いくるめる者がいるのが残念で、歎かわしくてならないのである。この点に留意して、常に気をつけていなくてはならない。

これらのことは決して自分勝手なことばではないのだが、わたしは経典や注釈書の趣も知らず、教説の文章の浅い深いも見極めていないので、きっとおかしい点もあるにちがいないが、いまは亡き親鸞聖人が教え語られたことのうちの百分の一、ほんの断片にすぎぬのだが、思い出しながら書きつけたのである。悲しいことではないか、せっかくお念仏をしながら、すぐに真実のお浄土に生まれることができず、いったんお浄土の辺境の地に生まれねばならぬとしたら。同じお念仏の仲間のうちに信心の異なる人が出ないようにと願って、涙を流しつつ筆をとってこれを記した。名づけて『歎異抄』という。どうか公表しないでほしい。

『歎異抄』の現代的意義

さて、ともかくもこれで、わたしたちは『歎異抄』を読了した。ただし、ある種の写本にはこのあとに「親鸞聖人流罪の記録」が附録としてつけられている。しかし、写本のうちには、この附録のないものがある。したがってわれわれは、この附録は無視することにする。そうすると、『歎異抄』は以上の結文をもって終わるわけだ。いったい、いかなる感想を述べればよいだろうか。著者としては、ほっとしたと言うべきか。その、ほっとしたところで擱筆《かくひつ》したほうがよいのかもしれない。

そうなのだ。あとに、それほど語るべきことは残されていない。

ただ、ほんの一言だけ、蛇足を加えておこう。

『第二歎異抄』において、唯円はしきりに「異を歎」いている。わたしはその唯円の態度について、『第二歎異抄』を読む前に、すなわち第九章の最初で、ちょっと勝手なことを言っておいた。もう一度繰り返せば、いかなる思想も時代の経過とともに歪むはずだ。歪んだ思想とオリジナルな思想とのあいだには、一種の緊張関係がある。その緊張関係があまりにも強くなりすぎると、二つの思想は分裂し、独立することになる。そうなると、そこには、思想の歪みに対する「歎き」がなくなる。「歎き」があるということは、思想の歪みをもとに戻そうとするエネルギーがあることを意味しているのだから、「歎き」のあることは歎くにおよばぬ。……というのが、そこでのわたしの勝手な意見であった。

つまり、唯円房の「歎き」は、われわれはもう一度親鸞聖人に立ち帰って、そこから出発しようではないかという呼びかけであったのだ。わたしはそのように受け取る。

そこで、――。

わたしは、いささか暴言を吐いておく。これが暴言であることを、わたしは充分に承知している。しかし、あえて言いたいのだ。

わたしたちは、いま、唯円房の「歎き」に共感・共鳴できるだろうか……。

「否!」

と、わたしは答える。いまのわたしたち、二十一世紀に生きるわたしたちには、歎くべき「異」はなさそうだ。「異」がないというのは、結構なことである、と言えば言える。しかし、ひょっとしたらそれは、親鸞聖人の思想を継承したはずの教団が、もはやオリジナルの思想(親鸞聖人)から訣別して、独立したことにならないか。独立してしまえば「異」ではない。なにも、原点に帰って、歪みを是正する必要はなくなっているのである。

わたしは淋しくてならない。

なんとなく、『第二歎異抄』が不必要に思えてならないのである。ということは、わたしたちは心おきなく、『第一歎異抄』——親鸞聖人その人から出発できるのであり、またそうすべきだということになるのである。それが淋しくてならないのだ。

では、『第二歎異抄』の存在を意義あらしめるには、どうすればよいのか……。そのためには、『第二歎異抄』を現代の教団のあり方と徹底的に対比して読むことだと思う。本書では、紙数の関係もあって、それができなかった。しかし、それができなかったもう一つの理由は、それをやれるのはむしろ宗門の人だという遠慮であった。わたしは宗門の人ではない。そのわたしにできることは、ここまでである。

エピローグ

自力のはからいをやめる

お浄土はいや、地獄に行きたい

「先生。わたしたちは死んで極楽浄土に往けば、そこで、この世で縁のあった人と再会できると教わりました。本当にそうなんですか……?」

仏教講演会の折、聴衆の一人の女性がそんな質問をした。それに対してわたしは、『阿《あ》弥《み》陀《だ》経《きよう》』という経典には、

——倶《く》会《え》一《いつ》処《しよ》(倶《とも》に一つの処《ところ》で出会う)

と説かれているから、お浄土においては有縁の人とまちがいなく再会できると答えた。

すると質問者は、

「ああ、そうなんですか……。それなら、わたくしはお浄土に往くのをやめにします。わたくしは地獄に行くことにします」

と、ちょっとしたり顔で言ったのであった。

わたしには、彼女がなぜ地獄に行きたいと言ったのか、その理由がピンときた。彼女は、この世でさんざんにいじめられたお姑《しゅうとめ》さんに極楽浄土で再会したくないのだ。あの憎っくきお姑さんは極楽世界に往生している。自分が極楽往生すれば、そこで再びお姑さんに会うことになる。それぐらいであれば、地獄に行ったほうがよい。彼女はそう考えたにちがいない。

で、そのことをわたしは質問者に指摘してやった。

「先生、そうなんです。図星です」

彼女はわたしの推測を肯定した。

そこで、わたしは彼女にこう教えてやった。

「でもね、言っておきますが、あなたが地獄に行けば、あなたはお姑さんに会わずにすみます。が、あなたは、旦那さんとも会うことはできませんよ」

「主人ですか……。主人に会わずにすむのであれば、願ったりかなったりですわ」

会場は大爆笑。彼女は涼しい顔でいる。しかし、それで終わりにするわたしではない。

わたしは追い打ちをかけた。

「そうですか。あなたは亭主に再会しないですむかもしれませんが、あなたは自分のお子さんにも会えませんよ。また、じつの父母とも会うことはできませんよ」

「それから、あなたは友人とも会うことはできない」

「どうしてですか……？」

「なぜですか？　どうしてそうなるのですか？」

「なぜかと言えば、あなたが行く地獄は孤独地獄だからです。あなたは、孤独地獄に堕ちて、誰とも会うことができません。あなたをいじめる鬼すらいない。その孤独地獄で、あなたは一兆六千二百億年間、じっといる。どうぞ、地獄へ行きたいのであれば、お行きになってください。わたしは止めませんから……」

「先生、わたくしをいじめないでください」

彼女は半べそをかきながら、そう言った。

「いいえ、わたしはあなたをいじめてなんかいませんよ。あなたが自分で、〝地獄に行きたい〟と言ったのです。わたしはただ、地獄の観光案内をしたまでです」

わたしはそんなふうに言ってやった。よく考えてみれば、やはりこれはいじめですよね。

自殺者もお浄土に往けるか？

別の機会に、講演会場を出たところで、やはり一人の女性から相談を受けたことがある。

彼女は息子を失った。一流大学を卒業し、優秀な成績で国家公務員になったばかりの息子が、交通事故で死んでしまったのだ。それで彼女は生きる気力もなくしてしまい、だから自殺して息子のいる極楽浄土に早く往きたいと言うのである。

「先生、自殺をした者でも、極楽浄土に往けますか？」

と、彼女はわたしに尋ねた。しかし、彼女の態度を見ると、なんとか自殺を思いとどまらせてほしい、自殺をしないでこの世で生きていく気力を与えてほしい、といった願いがありありと見える。わたしはその彼女の願望を承知の上で、ちょっと意地悪をしてやった。

「あのね、仏教では、自殺を悪いことだとしていませんよ。釈迦の弟子のうちで自殺した人もわりと多くいますよ。そして釈迦は、自殺した人が地獄に堕ちるなんて言っておられません。ましてや極楽世界は阿弥陀仏の仏国土です。阿弥陀仏は、どんな極悪人だって迎えとってやると言っておられます。自殺者だって極楽世界に往生させてもらえます。そのことになんの疑問もありません」

わたしはそう答えた。このことは、『歎異抄』を読めばわかることだ。

弥陀の本願には、老少・善悪のひとをえらばれず、たゞ信心を要とするとしるべし。……（第一段）

善人なをもて往生をとぐ、いはんや悪人をや。……（第三段）

聖人のおほせには、善悪のふたつ惣《そう》じてもて存知せざるなり。……（結文）

親鸞聖人は、この世の善・悪といったことを一切考えられなかった。だから、自殺が善か悪か、そんなことは問題にならない。自殺したければすればいい。いささか物議をかもしかねない発言であるが、親鸞聖人が言いたかったことを重んずれば、そうなるはずだ。

だが、問題は、自殺の是非ではない。

この女性は、自殺者も極楽浄土に往けるか、と発問した。本当に自殺する気があったかどうか、それは別問題である。ともかく彼女は、息子を失った悲しみを克服するために、自殺をして極楽浄土に往き、早く息子と再会したいと考えた。そうかと思えば、先程の女性のように、姑に会いたくないから極楽浄土に往くのはやめにして、地獄に行こうと考えた者もいる。この二人に共通する態度はなにか……? それは、自分の力によって悲しみや憎しみを軽減させようとする思考法である。

問題は、お浄土に対するそのような態度である。わたしはそう思う。

苦しみを克服することはできない

仏教においては、「愛別離苦《あいべつりく》」が説かれている。愛する者と別離せねばならぬ苦しみだ。親との死別、子どもを失う悲しみ。配偶者との死別。いずれの悲しみが大きいか。そんな悲しみの大小を論ずる必要はない。それよりも、愛する者との別離は必ずあるのだということの認識が大事である。

その愛別離苦の反対が「怨憎会苦《おんぞうえく》」だ。怨み憎む者に会わねばならぬ苦しみ。その苦しみも必ずある。ときどき、「怨むな!」「憎むな!」が仏教の教えだと言われる人がいる。とんでもない。仏教は怨憎会苦を言っているのだから、人間は怨まずにはおれないのだ。憎まずにはおれないのである。

そして、仏教語で「苦」というのは、単に苦しいといった意味ではない。この語のサンスクリット語本来の意味からすれば、「思うがままにならないこと」といった意味である。だから、愛する者との別離は、われわれはそれを思うがままにできない。その悲しみを軽減させることもできないし、ましてや消滅させることはできない。そして、その思うがままにならないことを思うがままにしようとしたとき、そこに苦が生じる。「苦」とはそういう意味である。

そしてまた、憎しみも同じである。嫁と姑のあいだにある憎しみ。会社の中での人間関係から発生する憎しみ。近隣の人たちとの付き合いの中で生ずる憎しみ。それはわれわれの思うがままにならないものだ。人間関係のトラブルを解決するなんて不可能である。どうしたら憎しみを軽減させることができるか？　そう問うこと自体がナンセンスである。

いや、愛別離苦・怨憎会苦を解決する術《すべ》がまったくないわけではない。術はある。それは出家することだ。出家と言っても、現代日本の僧侶は出家者ではない。出家というのは、現代の用語で言えばホームレスである。いっさいの係累を捨て、住む家を捨てた者が出家者だ。出家をすれば愛する者がなくなり、怨み・憎む者もなくなるから、愛別離苦・怨憎会苦もなくなる。じつは、それが小乗仏教である。

しかし、日本の仏教は大乗仏教だ。出家者ではなく在家信者のための仏教が大乗仏教である。その大乗仏教においては、愛別離苦・怨憎会苦を本質的に克服することはできない。とくにわれわれ在家信者は、苦しみを自分の力でもっては克服できないのである。

すべてをおまかせする

では、どうするか？　われわれはどうすればよいのか……？

その問いかけに対して、親鸞聖人は、

「すべては阿弥陀仏におまかせしておけばいいんだよ」

と教えてくださったのである。おまかせするというのが「南無」である。したがって、「南無阿弥陀仏」は、すべてを阿弥陀仏におまかせしますといった態度表明の言葉なのだ。そして、それが「他力」にほかならない。すべてをおまかせするのだから「絶対他力」である。

ところが、われわれは、自力——自分の力——でもって問題を解決しようとしてしまう。苦しみや悲しみを、自力でもって軽減させようとする。愚かなことだ。

嫁と姑の対立を、わたしたちは解決できっこない。にもかかわらず彼女はそれをなんとか解決しようとした。姑の生きているあいだ、彼女はじっと我慢をし、苦労をした。そして姑の死後、姑に対する憎しみを消すことができず、姑が極楽浄土にいるのであれば、自分はむしろ地獄に行きたいと思うようになった。そうすると、彼女のこころの中に地獄が出現する。彼女は、地獄は死後に行く世界だと思っているが、それはとんでもないまちがいだ。地獄は、いま現在、彼女のこころの中にどっかと存在する。そして彼女は、地獄の中に生きているのだ。

どうして彼女は、こころの中にお浄土をもとうとしないのか。

「南無阿弥陀仏」とお称えすれば、彼女のこころの中にすぐさま極楽世界が出現するのに……。

でも、極楽には、あの憎っくきお姑さんがいるでしょう。そんな極楽には往きたくない。彼女はそう言いたいのであろうが、それは彼女が自力でこしらえあげた極楽世界だ。阿弥陀仏の極楽世界には、お姑さんはいない。そこには菩薩がおいでになる。そして、彼女も菩薩になってその世界に生まれる。「南無阿弥陀仏」を称えると、そう信じられるようになるのに、彼女はおまかせできずに一人でくよくよ悩んでいるのだ。

息子に会いたいがために、自殺をして急いでお浄土に往きたいと思う女性だって、自力で悩み苦しんでいるのだ。阿弥陀仏におまかせしておけば、いずれ彼女はお浄土で息子と再会できる。だから、いまはしっかり悲しんでいればいいのに、その悲しみを軽減させたいと思う。愚かな人だ。

極楽世界に往生すれば、そこには悲しみはない。だから、悲しむことは、いま、この世でしかできないのである。わたしたちはしっかりと悲しめばいいのだ。せっかくの悲しみをなくしてしまってはいけない。そのように考えることもできるはずだ。

ともあれ、「南無阿弥陀仏」とは、阿弥陀仏にすべてをおまかせするということだ。すべてをおまかせして、わたしたちはこの娑婆世界で生きてゆこうではないか。

南無阿弥陀仏。

南無阿弥陀仏。

再び『第一歎異抄』を読む

本文中でも解説したように、『歎異抄』第一段から第十段の前半までは、親鸞聖人のことばをそのまま示したものである。わたしはこの部分を、『第一歎異抄』と呼んだ。ところで、わたしは本書において、この『第一歎異抄』を第一段から順序よく読んでいかなかった。

そこで以下に、原文の体裁を知ってもらうためにもと思い、『第一歎異抄』の部分の原文とそれに取意的な現代語訳を各段ごとにつけておく。

『第二歎異抄』は本書の第九章において原文の順に並べてあるので、それを参照していただきたい。

上段寄りが原文、下段寄りが現代語訳である。原文は本文中に使ったものと同じにしたが、現代語訳のほうはまた新たに訳しておいた。通読してもらうことを考えたからである。

〈第一段〉

一《ひとつ》。弥陀《みだ》の誓願不思議《せいがんふしぎ》にたすけられまひらせて往生《おうじょう》をばとぐるなりと信《しん》じて、念仏まふさんとおもひたつこゝろのおこるとき、すなはち摂取不捨《せっしゅふしゃ》の利益《りやく》にあづけしめたまふなり。弥陀の本願《ほんがん》には、老少《ろうしょう》・善悪《ぜんまく》のひとをえらばれず、たゞ信心《しんじん》を要《よう》とすとしるべし。そのゆへは、罪悪深重《ざいあくじんじゅう》・煩悩熾盛《ぼんのうしじょう》の衆生《しゅじょう》をたすけんがための願《がん》にてまします。しかれば本願《がん》を信ぜんには、他の善も要《よう》にあらず、念仏にまさるべき善なきがゆへに。悪をもおそるべからず、弥陀の本願をさまたぐるほどの悪なきがゆへにと云々《うんぬん》。

阿弥陀仏の誓願の不思議な力にたすけられて、わたしのような凡夫でも必ず往生できるのだと信じて、お念仏を称えようと思う心が起きたその瞬間、わたしたちはもれなく阿弥陀仏のお浄土に救いとられているのである。阿弥陀仏の本願は、年齢や善悪によって凡夫を差別せず、ただ信心だけがあればよい。なぜなら、仏の本願は、罪の重い凡夫、煩悩をどうすることもできぬわれら凡夫を救ってやろうとするものだからである。だからこそ、その本願だけを信じておればよいので、他の善行など必要としない。いや、お念仏よりすぐれた善行など、あり得ぬのだ。また、悪をおそれる必要もない、仏の本願をさまたげるほどの悪など、どこにもないからである。そう親鸞聖人は言われた。

〈第二段〉

一《ひとつ》。おの〳〵十余《じゆうよ》ヶ国《こく》のさかひをこえて、身命《しんみよう》をかへりみずしてたづねきたらしめたまふ御こゝろざし、ひとへに往生極楽《おうじようごくらく》のみちをとひきかんがためなり。しかるに、念仏よりほかに往生のみちをも存知《ぞんじ》し、また法文等《ほうもんとう》をもしりたるらんと、こゝろにくゝおぼしめしておはしましてはんべらんは、おほきなるあやまりなり。もししからば、南都《なんと》・北嶺《ほくれい》にもゆゝしき学生《がくしよう》たち、おほく座《おわ》せられてさふらうなれば、かのひとにもあひたてまつりて、往生の要《よう》よく〳〵きかるべきなり。親鸞におきては、たゞ念仏して弥陀にたすけられまひらすべしと、よきひとのおほせをかぶりて信ずるほかに、別の子細《しさい》なきなり。念仏は、まことに浄土にむまる、たねにてやはんべらん、また地獄におつべき業にてやはんべるらん。惣《そう》じてもて存知せざるなり。たとひ法然《ほうねん》聖人にすかされまひらせて、念仏して地獄におちたりとも、さらに後悔すべからずさふらう。そのゆへは、自余《じよ》の行《ぎよう》もはげみて仏《ぶつ》になるべかりける身が、念仏をまふして地獄にもおちてさふらはゞこそ、すかされたてまつりてといふ後悔もさふらはめ。いづれの行もおよびがたき身なれば、とても地獄は一定《いちじよう》すみかぞかし。弥陀の本願まことにおはしまさば、釈尊《しやくそん》の説教虚言《きよごん》なるべからず。仏説《ぶつせつ》まことにおはしまさば、善導《ぜんどう》の御釈《おんしやく》虚言したまふべからず。善導の御釈まことならば、法然のおほせそらごとならんや。法然のおほせまことならば、親鸞がまふすむね、またもてむなしかるべからずさふらう歟《か》。詮《せん》ずるところ、愚身《ぐしん》の信心におきてはかくのごとし。このうへは、念仏をとりて信じたてまつらんとも、またすてんとも、面々《めんめん》の御《おん》はからひなりと云々。

常陸から下総・武蔵・相模・伊豆・駿河・遠江・三河・尾張・伊勢・近

江・山城と、十余カ国の道を遠しとせず、いのちがけの旅をつづけて、あなたがたがわたしを訪ねて来られた目的は、極楽浄土に往生できる道を教わらんとしてのことである。しかしながら、わたしがお念仏以外の往生の手段を知り、また経典類の文句も知っているだろうと勝手に思われているようだが、それはとんでもない誤りである。それを教わりたいのであれば、奈良や比叡山に立派な学者が大勢おられるのだから、その人々にお会いして往生の道を教えていただくとよい。親鸞においては、ただお念仏を称えて阿弥陀仏にたすけていただくばかりであると、法然上人にお教えいただいたことを信ずるほか、なにもない。お念仏をして本当にお浄土に生まれることができるか、それとも地獄に堕ちる業となるか、そんなことに関心をもたぬ。よしんば法然上人にだまされて、念仏した結果地獄に堕ちたとしても、わたしに後悔はない。なんとなれば、念仏以外の修行をやって、それで仏となれるはずの身が、念仏をしたために地獄に堕ちたのであれば、そのときは「だまされた」という後悔も起きるかもしれぬ。しかし、このわたしは、どんな修行もできぬ身だから、それなら地獄がはじめからわたしに定められた棲処《すみか》なのだ。阿弥陀仏の本願が真実であれば、釈尊の教えに嘘はない。釈尊の教えがまことであれば、善導大師の御注釈に誤りはない。善導大師の御注釈が真実であれば、どうして法然上人の仰せが空しいだろうか。法然上人の仰せがまことであれば、この親鸞が語ることもまた空しいはずがないではないか。つまるところ、わたしの信心はこれだけである。この上は、念仏を信じようと捨てられようと、それぞれの勝手である。親鸞聖人はそう語られた。

〈第三段〉

一《ひとつ》。善人《ぜんにん》なをもて往生《おうじょう》をとぐ、いはんや悪人《あくにん》をや。しかるを、世《よ》のひとつねにいはく、悪人なを往生す、いかにいはんや善人をや。この条一旦《じょういったん》そのいはれあるににたれども、本願他力の意趣《いしゅ》にそむけり。そのゆへは、自力作善《じりきさぜん》のひとは、ひとへに他力《たりき》をたのむこゝろかけたるあひだ、弥陀の本願にあらず。しかれども、自力のこゝろをひるがへして、他力をたのみたてまつれば、真実報土《しんじつほうど》の往生をとぐるなり。煩悩具足《ぼんのうぐそく》のわれらは、いづれの行にても生死《しょうじ》をはなるゝことあるべからざるを、あはれみたまひて願《がん》をおこしたまふ本意、悪人成仏のためなれば、他力をたのみたてまつる悪人、もとも往生の正因《しょういん》なり。よて善人だにこそ往生すれ、まして悪人はと、おほせさふらひき。

善人が往生できるのだから、悪人が往生できるのはあたりまえなんだ。それなのに世間の人々は、悪人でさえ往生できるのなら、善人が往生できるのは理の当然と言っている。この世間の人々の言い種《ぐさ》は、ちょっと見には筋が通っているようだが、阿弥陀仏の本願と他力の教えと矛盾するものである。なぜなら、自分の力で善行をやろうとする者は、他力にたよろうとする心がどうしても弱くなるのであって、阿弥陀仏の本願はこういう人々のためのものではない。しかしながら、自力の心を捨てて他力を信ずれば、お浄土のど真ん中に往生できるのである。煩悩につきまとわれたわたしたちが、この生死の苦しみの世界からいかなる修行によっても脱却できないでいるのを憐れに思って、阿弥陀仏が願を立ててくださったのであり、だとすればその仏の願の本意は悪人を仏にしてやろうというものである。したがって、他力にすがろうとする悪人が、お浄土に往生できる最初の人なのだ。それ故、善人も往生できるのだから、まして悪人が往生するは当然のことだと、親鸞聖人は言われました。

〈四段〉

一《ひとつ》。慈悲《じひ》に聖道《しょうどう》・浄土のかはりめあり。聖道の慈悲といふは、ものをあはれみ、かなしみ、はぐゝむなり。しかれども、おもふがごとくたすけとぐること、きはめてありがたし。浄土の慈悲といふは、念仏していそぎ仏《ぶつ》になりて、大慈大悲心《だいじだいひしん》をもて、おもふがごとく衆生《しゅじょう》を利益《りやく》するをいふべきなり。今生《こんじょう》に、いかにいとをし不便《ふびん》とおもふとも、存知のごとくたすけがたければ、この慈悲始終《じひしじゅう》なし。しかれば、念仏まふすのみぞ、すえとをりたる大慈悲心にてさふらうべきと云々。

聖道門と浄土門とでは、慈悲の考え方がちがっている。聖道門で慈悲と言うのは、対象を憐れみ、悲しみ、保護してやろうとするものだ。しかしながら、思いのままに他人をたすけてあげることは、まずはできそうにない。そこで浄土門では、慈悲は、お念仏をして自分自身が急いで仏になり、その仏の大慈悲心をもって自由自在に衆生をたすけてあげることを言うのだ。いまこの世にあって、どれだけ他人に同情し、相手を気の毒に思っても、完全な意味で他者をたすけてあげることができぬのであって、そういう慈悲は所詮中途半端なのだ。だとすれば、ただただお念仏することだけが、徹底した大慈悲心である。親鸞聖人はそう言われた。

〈第五段〉

一《ひとつ》。親鸞は、父母《ぶも》の孝養《きょうよう》のためとて、一返《いっぺん》にても念仏まふしたることいまださふらはず。そのゆへは、一切の有情《うじょう》はみなもて、世々生々《せせしょうじょう》の父母兄弟《ぶもきょうだい》なり。いづれも〳〵この順次生《じゅんじしょう》に仏になりてたすけさふらうべきなり。わがちからにてはげむ善にてもさふらはゞこそ、念仏を廻向《えこう》して父母をたすけさふらはめ。たゞ自力をすてゝ、いそぎさとりをひらきなば、六道《ろくどう》・四生《ししょう》のあひだ、いづれの業苦《ごうく》にしづめりとも、神通方便《じんずうほうべん》をもて、まづ有縁《うえん》を度《ど》すべきなりと云々。

親鸞は、父母の追善供養のためにお念仏を称えたことは、これまで一度もない。なぜなら、この世の一切の衆生が、わたしが流転輪廻をつづけていたあいだの父母兄弟だからである。どの人もどの人も、わたしが来世に仏となってたすけてあげるべき人である。念仏が自力の善であれば、わたしの念仏を廻向して父母をたすけることができるであろう。けれども、お念仏は絶対の他力である。念仏者は自力の考えを捨てて、急いでお浄土に往って悟りを開いて仏となることだ。そうして、その仏に備わっている自由自在なる衆生救済のはたらきでもって、この輪廻の世界に苦しんでいる一切の縁ある衆生を救ってあげるべきである。そう親鸞聖人は語られた。

〈第六段〉

一《ひとつ》。専修念仏《せんじゆねんぶつ》のともがらの、わが弟子ひとの弟子といふ相論《そうろん》のさふらうらんこと、もてのほかの子細なり。親鸞は弟子一人《いちにん》ももたずさふらう。そのゆへは、わがはからひにて、ひとに念仏をまふさせさふらはゞこそ、弟子にてもさふらはめ。弥陀の御もよほしにあづかて念仏まふしさふらうひとを、わが弟子とまふすこと、きはめたる荒涼《こうりょう》のことなり。つくべき縁あればともなひ、はなるべき縁あればはなるゝことのあるをも、師をそむきて、ひとにつれて念仏すれば、往生すべからざるものなりなんどいふこと、不可説《ふかせつ》なり。如来よりたまはりたる信心をわがものがほにとりかへさんとまふすにや。かへすぐも、あるべからざることなり。自然《じねん》のことはりにあひかなはゞ、仏恩《ぶつとん》をもしり、また師の恩をもしるべきなりと云々。

ひたすらにお念仏の道を歩んでいる仲間のあいだで、あれはわが弟子、これはひとの弟子といった言い争いのあること、これはもってのほかのことだ。親鸞には一人の弟子だってない。なぜならば、わたしが面倒を見てやってその人にお念仏をさせたのであれば、その人はわたしの弟子であろう。しかし、ただ阿弥陀仏のおはからいによってお念仏をしている人を、わたしの弟子と言うことは、とんでもない思いちがいである。一緒になるご縁があれば接近し、遠く離れるのが縁であれば、そのときは離れるだけのことなのに、師にさからい、他の人の指導によって念仏すれば往生できないと主張したりするのは、まさに言語道断である。阿弥陀如来よりいただいた信心を、あたかも自分が与えてやったかのような顔をして取り戻さんとするのであろうか。どう考えても、成り立たぬことだ。仏の本願の然らしむるところであれば、誰だって仏の恩を知り、また師の恩を知るはずである。親鸞聖人はそう言われた。

〈第七段〉

一《ひとつ》。念仏者は無碍《むげ》の一道《いちどう》なり。そのいはれいかんとならば、信心の行者《ぎょうじゃ》には、天神《てんじん》・地祇《ちぎ》も敬伏《きょうぶく》し、魔界《まかい》・外道《げどう》も障碍《しょうげ》することなし。罪悪も業報《ごうほう》を感ずることあたはず、諸善《しょぜん》もおよぶことなきゆへなりと云々。

念仏者はさまたげなき絶対の道を行く。なぜなら、信心の念仏者には天の神・地の神も敬服し、悪魔も外道も彼を妨害できぬ。みずからの罪悪の報いに悩むことはなく、またいかなる善も念仏におよぶものはないので、念仏はさまたげなき一道である。そう親鸞聖人は言われた。

〈第八段〉

一《ひとつ》。念仏は行者のために非行《ひぎょう》・非善《ひぜん》なり。わがはからひにて行《ぎょう》ずるにあらざれば非行といふ、わがはからひにてつくる善にもあらざれば非善といふ。ひとへに他力にして自力をはなれたるゆへに、行者のためには非行・非善なりと云々。

念仏は、念仏者にとっては、行でもなければ善でもない。自分のはからいで称えるものではないから、行でないという。自分のはからいでやる善ではないから、善でないという。ただ仏の力によって称えさせていただくもので、自分の力が加わっていないから、念仏者にとって念仏は、行でもなく善でもないのだ。そう親鸞聖人は語られた。

〈第九段〉

一《ひとつ》。念仏まふしてさふらへども、踊躍歓喜《ゆやくかんぎ》のこゝろおろそかにさふらふこと、またいそぎ浄土へまひりたきこゝろのさふらはぬは、いかにとさふらうべきことにてさふらうやらんと、まふしいれてさふらひしかば、親鸞もこの不審《ふしん》ありつるに、唯円房《ゆいえんぼう》おなじこゝろにてありけり。よく〳〵案じみれば、天におどり地におどるほどによろこぶべきことを、よろこばぬにて、いよ〳〵往生は一定《いちじょう》〔と〕おもひたまふ〔べき〕なり。よろこぶべきこゝろをおさへて、よろこば〔せ〕ざるは煩悩の所為《しょい》なり。しかるに、仏かねてしろしめして、煩悩具足の凡夫《ぼんぶ》とおほせられたることとなれば、他力の悲願は、かくのごと〔き〕われらがためなりけりとしられて、いよ〳〵たのもしくおぼゆるなり。また浄土へいそぎまひりたきこゝろのなくて、いさゝか所労のこともあれば、死なんずるやらんとこゝろぼそくおぼゆることも、煩悩の所為なり。久遠劫《くおんごう》よりいまゝで流転《るてん》せる苦悩《くのう》の旧里《くり》はすてがたく、いまだむまれざる安養《あんにょう》浄土《じょうど》はこひしからずさふらふこと、まことによく〳〵煩悩の興盛《ごうじょう》にさふらうにこそ。なごりおしくおもへども、娑婆《しゃば》の縁《えん》つきて、ちからなくしておはるときに、かの土《ど》へまひるべきなり。いそぎまひりたきこゝろなきものを、ことにあはれみたまふなり。これにつけてこそ、いよ〳〵大悲大《だいひだい》願《がん》はたのもしく、往生は決定《けつじょう》と存じさふらへ。踊躍歓喜のこゝろもあり、いそぎ浄土へもまひりたくさふらはんには、煩悩のなきやらんとあ〔や〕しくさふらひなましと云々。

念仏は称えているのですが、天に踊り地に舞うほどの喜びが涌き出てきません。それに、急いでお浄土へ往きたい気もしないのですが、これはどう考えればよいのでしょうかと問い尋ねましたところ、親鸞聖人は次のように答えてくださいました。――親鸞にだってそれは疑問であったが、唯円房、あなたも同じ疑問をもっていたのだね。しかし、よくよく考えてみれば、天に踊り地に舞うほど喜ぶべきことを喜べないからこそ、むしろ往生が確定したと考えるべきではなかろうか。喜びを抑えて喜ばせぬようにしているのが、煩悩のせいなのだ。ところが仏はその点をあらかじめ知った上で、われわれを「煩悩をもった凡夫」と言っておられるのであり、それ故に仏の他力の悲願はこのようなわたしたち凡夫のためのものであったと納得ができ、ますます安心できるのである。また、お浄土に急いで参りたい心がなく、ちょっとした病気にでもなれば、死にはせぬかと心細くなるのも、それも煩悩のためである。はるけき時間の彼方から現在まで流転輪廻してきたこの迷いの世界は捨てにくく、まだ見たことのない極楽浄土は恋しくないということは、ほんとうによくよく煩悩が強いのだね。けれども、いくらなごりおしいと思っても、この娑婆の縁が尽きて、静かに生命の火の消えるときには、お浄土に往けるのだよ。それに仏は、急いでお浄土に往きたいと思わぬ凡夫をことさらに心配してくださっている。だからこそ、わたしたちは仏の大悲願のありがたさを確信でき、往生はまちがいないと信じられるのだ。天に踊り地に舞う喜びがあり、急いでお浄土に参りたいと思うようであれば、自分には煩悩なんてないのだろうかと疑わしくなりはしないだろうか。そう親鸞聖人は言われた。

〈第十段（前半）〉

一《ひとつ》。念仏には無義《むぎ》をもて義《ぎ》とす、不可称不可説不可思議《ふかしょうふかせつふかしぎ》のゆへにとおほせさふらひき。

真のお念仏は、凡夫のはからいを超越したところにある。凡夫にはお念仏が称えられないし、説くこともできぬし、あれこれ思慮することもできぬのだから。そのように親鸞聖人は語られた。

ひろさちや
1936年大阪生まれ。東京大学文学部印度哲学科卒業。同大学院博士課程修了。85年まで気象大学校教授。教壇で哲学を講ずる傍ら、旺盛な執筆・講演活動で仏教を中心とした宗教問題の啓蒙家として知られる。
『どの宗教が役に立つか』(新潮選書)、『「狂い」のすすめ』(集英社新書)、『「いいかげん」のすすめ』(PHP研究所)、『ひろさちやの笑って死ぬヒント』(青春新書)など、著書多数。

[NJ《エヌジェイ》セレクト]
ひろさちやと読《よ》む 歎異抄《たんにしょう》

2010年9月1日 初版発行

著 者 ひろさちや

発行者 杉本淳一

発行所 株式会社 日本実業出版社 東京都文京区本郷3－2－12 〒113-0033
大阪市北区西天満6－8－1 〒530-0047
編集部 ☎03－3814－5651
営業部 ☎03－3814－5161 振 替 00170－1－25349
http://www.njg.co.jp/

印刷/壮光舎 製本/若林製本

この本の内容についてのお問合せは、書面かFAX (03－3818－2723) にてお願い致します。
落丁・乱丁本は、送料小社負担にて、お取り替え致します。

ISBN 978-4-534-04748-9 Printed in JAPAN

日本実業出版社［NJセレクト］シリーズ

下記の価格は消費税（5%）を含む金額です。
定価変更の場合はご了承ください。

イメージ脳を鍛えれば誰でも天才！

七田　眞・七田　厚　定価1000円（税込）

子どもも大人も右脳の持つイメージパワーを鍛えれば、速続・語学・計算・芸術などで並外れた能力を発揮できる！「右脳開発の原点」となる理論と、簡単にできる実践トレーニングを紹介。

コーチングのプロが教える「ほめる」技術

鈴木義幸　定価1000円（税込）

相手を認めて、ほめて、動かす「アクノレッジメント」の手法をやさしく解説。部下指導などさまざまなビジネスシーンで、コミュニケーションをどうとればいいか迷ったときのヒントが満載。

必ずYESといわせる説得のコツ

福田　健　定価1000円（税込）

できないくせに偉そうな勘違い若手社員、いつも否定意見しかいわない頑固上司、無理難題をふっかけてくる取引先……。相手がなかなかうなずかない理由を解明し、説得のちょっとしたコツを伝授。

つい、そうしてしまう心理学
しぐさ・好みでわかる深層心理

深堀元文　編著　定価1000円（税込）

人間は無意識の行動に、心の奥底にある本心が表れるもの。ごく身近なテーマを取り上げ、しぐさ・好みと深層心理の関係を解き明かす。どこからでも読めて、日常会話やお酒の席での話題に最適。

声を出すのが楽しくなる 誰にでもできる発声法（ボイストレーニング）

熊谷　卓　定価1000円（税込）

歌唱目的だけでなく、プレゼンや営業、就活でもよい発声のニーズは高まっている。声楽家が呼吸・原音・発声の全体から正しい発声法を解説。読みながらでもやりたくなるトレーニングも紹介。